Die schönsten Ziele Europas erfahren

#recharge: Aufladen und Kraft tanken

„Sich nachhaltiger zu verhalten sollte nicht damit aufhören, ein elektrisches Auto zu fahren, aber es ist ein guter Anfang!"

Mr & Mrs T on Tour

MR & MRS T
ON TOUR

Die schönsten Ziele Europas erfahren

#recharge: Aufladen und Kraft tanken

teNeues

DIE REISE IN EINE NACHHALTIGERE ZUKUNFT

Unsere lebensverändernde Geschichte als Mr & Mrs T on Tour nahm im Jahr 2015 ihren Anfang, als wir auf der Suche nach einem neuen Auto waren. Wer hätte damals gedacht, dass der Kauf eines Tesla zu einer zweijährigen Weltreise und diesem Buch führen würde? Da wir sehr gerne reisen und schöne Hotels lieben, machten wir, wann immer möglich, am Wochenende Ausflüge mit unserem Model S – mit viel Begeisterung und ganz ohne Emissionen. Das Laden unterwegs war problemlos möglich, noch einfacher war es über Nacht am Zielort. Doch nicht jede Destination war gleich gut auf Gäste mit Elektroauto vorbereitet. Eine Ladestation am Hotel bedeutete zudem noch nicht, dass wir dort auch unsere eigenen Batterien nachhaltig laden konnten. Aber genau darum geht es doch: positive Energie tanken, egal ob man für zwei Wochen oder auch nur übers Wochenende verreist! Unsere Lieblingshotels überzeugen durch eine sympathische Philosophie, eine klare Positionierung und authentische Mission. Sie sorgen stets für hohe Qualität und exzellenten Service sowie frische Energie.

Wir wollten neue Destinationen entdecken, bei denen wir die Batterien unseres Autos genauso aufladen konnten wie unsere eigenen, und dies mit anderen teilen. Was seinen Anfang mit Wochenendausflügen nahm, wurde bald zum lebensfüllenden Thema. Die Idee zu #recharge, unserem ersten EV Travel Guide, war geboren. Schnell wurde uns jedoch klar, dass wir keine Empfehlung aussprechen wollten, ohne zuvor selbst vor Ort gewesen zu sein. Wie sollte das also funktionieren? Diese Frage beschäftigte uns so lange, bis wir im Juni 2017 bei einer Tesla-Kundenveranstaltung in Fremont in Kalifornien zu Gast waren. Dort gab uns Tesla-Chefdesigner Franz von Holzhausen mit seinen Worten den entscheidenden Impuls. Wir erkannten, dass man manchmal sein gewohntes Umfeld verlassen muss, um etwas Besonderes zu erreichen.

„Können wir uns vorstellen, ein Leben unterwegs zu führen und alles andere loszulassen?", fragten wir uns abends im Hotel. Unsere Antwort folgte nur wenige Monate später, als wir zu Hause in der Schweiz unsere Jobs und die Wohnung kündigten, unser Hab und Gut einlagerten und schließlich im April 2018 zu einem elektrischen Abenteuer aufbrachen. Verabschiedet von Familie, Freunden und Mitgliedern des lokalen Tesla Owners Club sowie begleitet von einer Tesla-Filmcrew, die den Anfang unserer Reise dokumentierte, machten wir uns auf den Weg. „The weekend getaway that never ends" („der Wochenendausflug, der nie endet") hatte begonnen.

Aber damit nicht genug, denn Reisen verändert, und zwar nachhaltig. Rein elektrisch unterwegs zu sein macht nicht nur sehr viel Spaß – dieses Auto hat uns auch einen sehr einfachen Weg in eine nachhaltigere Zukunft eröffnet. Aus unserer Sicht gilt deshalb: Sich nachhaltiger zu verhalten sollte nicht damit aufhören, ein elektrisches Auto zu fahren, aber es ist ein guter Anfang!

Wir haben es uns zum Ziel gesetzt, die Welt nachhaltiger zu erfahren, unterwegs von anderen Menschen und Kulturen zu lernen, neue Wege auszuprobieren sowie ein bewussteres Leben zu führen. Wir möchten dazu beitragen, den globalen Übergang zu nachhaltiger Energie zu beschleunigen. Es geht nicht darum, in Sachen Nachhaltigkeit immer perfekt zu sein. Vielmehr geht es darum, bessere Optionen zu erkennen, umzudenken und vor allem auch zu handeln. Es sind gerade die Kleinigkeiten, die einen großen Unterschied ausmachen, und jeder Einzelne kann mit seinem Zutun etwas bewirken.

Die Mischung aus Bildband und Reiseführer soll inspirieren und dabei helfen, unsere Erkenntnisse mit anderen zu teilen. Unser Buch stellt gleichsam eine Einladung dar, einmal etwas Neues auszuprobieren, einfach loszufahren und besondere Orte zu entdecken, die uns unterwegs begeistert haben. Viele der hier vorgestellten Hotels sind nicht nur ausgezeichnete Gastgeber, sondern bestrebt, den

Menschen stilvoll zurück zur Natur zu führen. Sie versorgen ihre Gäste mit frischer Energie und bewirken damit Positives. Rücksicht zu nehmen auf Mensch, Natur und Umwelt ist ein zentraler Teil ihres Konzeptes und generell die Basis für ein nachhaltiges Verhalten. Es sind Hotels, die auf Feinheiten achten und respektvoll mit natürlichen Ressourcen umgehen. Orte, die eine eigene Geschichte erzählen, bei der es sich lohnt zuzuhören. Sie sind passioniert geführt, haben Stil und sind innovativ. Damit bieten sie viel mehr als nur ein Bett – nämlich ein in jeder Hinsicht nachhaltiges Erlebnis.

Machen Sie sich also auf den Weg in eine nachhaltigere Zukunft – wir wünschen Ihnen dabei viel Vergnügen und jederzeit positive Energie!

Mr & Mrs T on Tour,
Ralf Schwesinger & Nicole Wanner

INHALTSVERZEICHNIS

Portugal

Casa Mocho Branco / Loulé 10
Paraiso Escondido / São Teotónio 12
Pena Park Hotel / Ribeira de Pena 14
Six Senses Douro Valley /
   Samodães/Lamego 20

Spanien

Hacienda Zorita Wine Hotel & Spa /
   Valverdón 26
Hospes Palau de la Mar / Valencia 28
La Fuente de la Higuera / Ronda 30
Hotel Maria Cristina / San Sebastián 32
Mas Falgarona / Figueres 38
La Torre del Visco / Fuentespalda 40
MasQi – The Energy House /
   Banyeres de Mariola 44

Frankreich

Domaine de la Tortinière / Veigné 50
Hôtel Les Haras / Straßburg 54
Kube Saint-Tropez Hotel / Saint-Tropez . 58

Benelux (Belgien, Niederlande, Luxemburg)

Made in Louise / Brüssel 62
The Pand Hotel / Brügge 64
QO Amsterdam / Amsterdam 66

Italien

ADLER Spa Resort THERMAE /
   Bagno Vignoni 72
Castello di Potentino / Seggiano 78
Fattoria San Martino / Montepulciano . . 80
il Paluffo Tuscan Villa / Certaldo/Florenz . 84
Marchesi Alfieri / San Martino Alfieri . . 90
Relais San Maurizio / Santo Stefano Belbo . 92
Villa Sparina Resort / Monterotondo . . . 94
Relais San Lorenzo / Bergamo 96
Lido Palace / Riva del Garda 98
Naturhotel Rainer / Ratschings 100

Schweiz & Liechtenstein

Castello del Sole / Ascona 108
Limmathof Baden Hotel & Spa / Baden 110
Park Hotel Sonnenhof / Vaduz 114

Deutschland

Benen-Diken-Hof / Keitum 120
Barefoot Hotel / Timmendorfer Strand . . 122
sevenoaks Hotel / Cloppenburg 128
Vienna House Andel's Berlin / Berlin . . 132
Franz Keller Schwarzer Adler /
   Vogtsburg-Oberbergen 140
Öschberghof / Donaueschingen 144
Hotel München Palace / München 150

Österreich

Heurigenhof Bründlmayer /
   Langenlois 182
Hotel & Villa Auersperg / Salzburg 186
Hotel MOHR life resort / Lermoos 192
Hotel Kitzhof / Kitzbühel 200
Hotel Post Bezau / Bezau 202
Bergland Design- & Wellnesshotel /
   Sölden 206

Skandinavien

Mejeri Gaarden / Gedser 154
Skt. Petri / Kopenhagen 156
Nivå 84 Loft House / Trånghalla 158
Yasuragi / Stockholm 162
Copperhill Mountain Lodge / Åre 168
Angvik Gamle Handelssted / Angvik . . 170
Storfjord Hotel / Skodje 174

Reisen im Elektroauto 210

Danke und Ausblick 220
Erklärung, Abkürzungen, Quellen 222
Bildnachweise 223

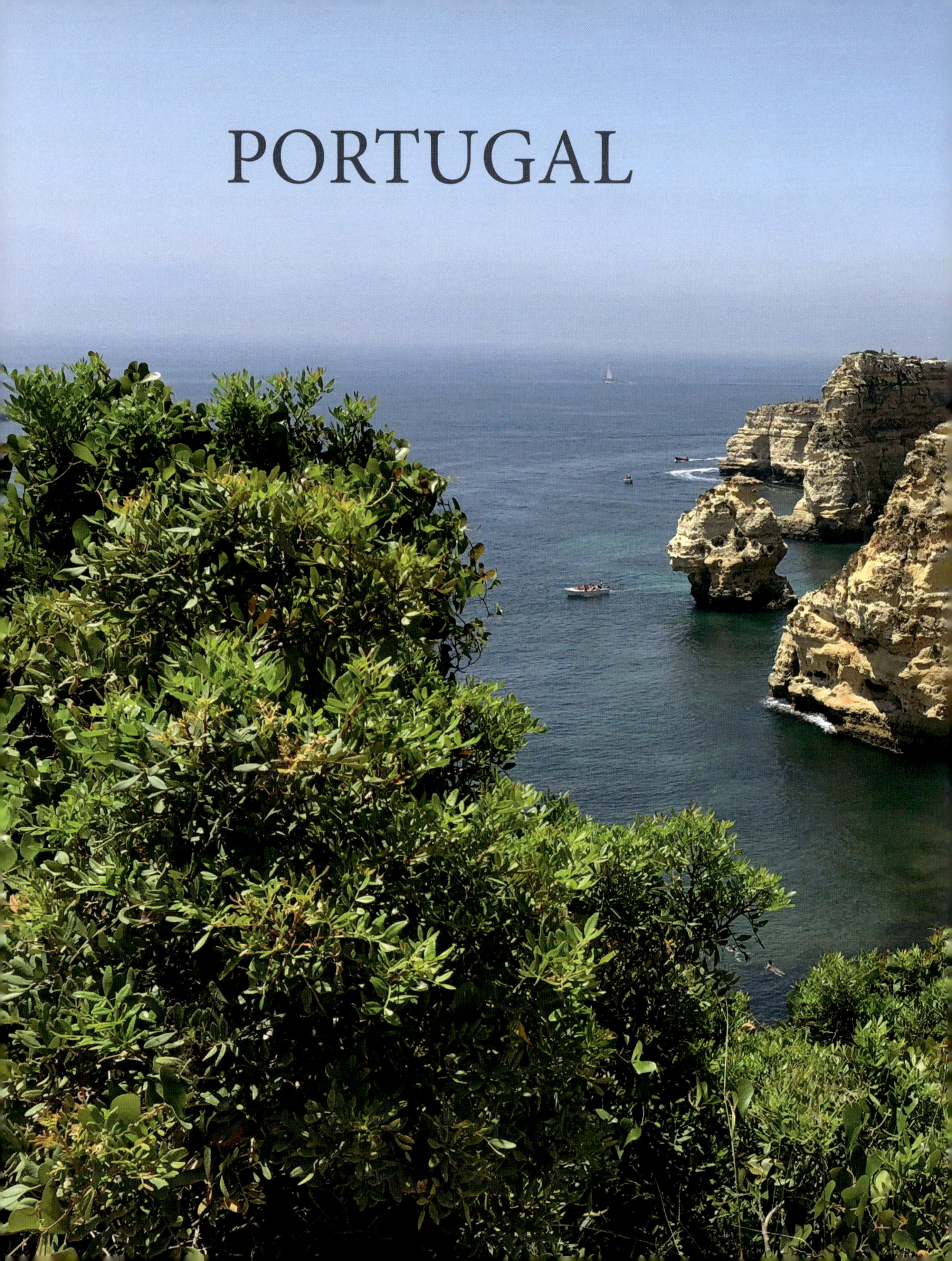

PORTUGAL

CASA MOCHO BRANCO
Loulé, Portugal

Hinter einem großen weißen Tor öffnet sich mit der Casa Mocho Branco eine kleine Oase der Gastfreundschaft, die eine Viertelstunde von der Küste der Algarve entfernt im Landesinneren liegt.

Hotelinfo:

Casa Mocho Branco
Estr. Jogo de Gilvrasino
P-8100-337 Loulé-Parragil
Tel.: +351 289419540
Mail: genietenindealgarve@gmail.com
Web: www.genietenindealgarve.com

Ladeinfrastruktur:

1 Tesla DeC (nur Tesla)

Mr T: „So angenehm das Hotel ist – man sollte auf jeden Fall die Umgebung erkunden: Einige der schönsten Algarvebuchten liegen in der Nähe."

„Genießen an der Algarve" heißt übersetzt der Name der Homepage der Casa Mocho Branco – und Genuss sowie Erholung für ihre Gäste haben sich auch die Betreiber Brandina und Dik als Programm für ihr kleines Bed & Breakfast vorgenommen. Das Haus liegt leicht erhöht, sodass man einen traumhaften Blick über den türkisen Infinity-Pool auf die Küste der Algarve und das tiefblaue Meer dahinter genießt, und auch der unglaublich schöne Garten erfreut die Sinne der Gäste. Untergebracht sind sie entweder in der kleinen privaten Villa mit begrünter Terrasse und Pergola oder in einem der drei Zimmer im Hauptgebäude. Die Einrichtung ist geschmackvoll und perfekt gepflegt. Zugleich ist die Atmosphäre freundschaftlich, fast schon familiär: Man trifft die Gastgeber und die anderen Gäste nicht nur beim Frühstück mit hausgemachtem Kuchen und vitaminreichem Früchteteller, sondern auch im Garten oder am Pool, beim Kaffee in der Lounge und abends in der Außenküche mit großem Grill, wobei Gastgeber Dik mit seinem holländischen Charme jederzeit für gute Laune sorgt.

IN UND UM LOULÉ
Portugal

Steile Felsen und bezaubernde Buchten an Portugals Traumküste

Wer an Strandurlaub in Portugal denkt, hat die Algarve vor Augen, genauer gesagt die Felsalgarve. Hier bricht eine 20 bis 50 m hohe Felskante aus gelbem oder rötlichem Kalk- und Sandstein zum Meer hin ab und lässt zwischendurch immer wieder einige Meter für die schönen, feinsandigen Bilderbuchstrände frei.

Loulé (ca. 10 km)

Nur einige Autominuten sind es ins Landstädtchen Loulé, zu dem Parragil mit der Casa Mocho Branco auch verwaltungsmäßig gehört. In Loulé findet man eine typisch portugiesische Altstadt mit pittoresken Gassen, dem Schloss Castelo de Loulé aus maurischer Zeit, einem interessanten Heimatmuseum und einigen Kirchlein. An die Zeit der Mauren erinnert architektonisch auch die 2007 erbaute Halle des Mercado Municipal de Loulé, in der lokal hergestellte Lebensmittel, Textilien und Geschenke angeboten werden. Ein großer Bauernmarkt vor dem Gebäude erweitert diesen Markt immer am Samstagvormittag. Jeden Tag hingegen kann man den Panoramablick auf die Algarve genießen, nachdem man von der Altstadt etwas hügelaufwärts zur Kirche Nossa Senhora da Piedade spaziert ist.

Vilamoura (ca. 15 km)

Begünstigt durch die Tatsache, dass die typische rötliche Steilküste der Algarve hier für einige Kilometer in einen flachen Strandabschnitt übergeht, entstand neben der kleinen Ortschaft Quarteira ab Mitte der 1960er-Jahre Vilamoura. Neben zahlreichen Hotels der gehobenen bis Luxuskategorie im Strandbereich besitzt Vilamoura den größten Jachthafen Portugals, in dem über 1000 Boote liegen. Rund um die malerische Marina gruppie-

Mrs T: „Aus der gestylten Badewanne in der einzeln stehenden kleinen Villa sieht man nach oben blickend den Sternenhimmel."

ren sich Cafés, Restaurants, Bars, Boutiquen und das Casino. Auch Golfer kommen in Vilamoura auf ihre Kosten: Etwas zurückversetzt vom Strand können sie auf den Bahnen von fünf Golfplätzen ihrem Sport nachgehen, während unten am Meer Badegäste, Kite-Surfer und Strandwanderer das Leben genießen.

to celebrate

Einer der farbenprächtigsten Karnevalsumzüge Portugals – der von dem im brasilianischen Rio de Janeiro inspirierte Concurso Carnavalesco – führt am langen Karnevalswochenende in Loulé durch die Avenida José da Costa Mealha mit Tausenden von Zuschauern.
Karneval von Loulé
Karneval

PARAISO ESCONDIDO
São Teotónio, Portugal

Im wilden und nur dünn besiedelten Alentejo im Südwesten Portugals bringt das Boutique Hotel Paraiso Escondido – „verstecktes Paradies" – die Gäste harmonisch zurück zur Natur.

Hotelinfo:

Paraiso Escondido
Caixa Postal 5550-A
P-7630-568 Casa Nova
da Cruz (São Teotónio)
Tel.: +351 9 12 47 02 06
Mail: info@
paraisoescondido.pt
Web: www.
paraisoescondido.pt

Ladeinfrastruktur:

1 Tesla DeC (nur Tesla)
1 Tesla DeC (alle EVs)

Das Hinterland der Atlantikküste wirkt oft fast wie in Afrika, was die in Mosambik geborene Berny Serrão auch empfand. Und so ist das zusammen mit ihrem Partner Glenn Cullen betriebene Boutique Hotel Paraiso Escondido auch eine Hommage an ihr „verlorenes Afrika". Wie eine Lodge in der Wildnis thront das flache Gebäude mit der von Säulen gesäumten Veranda auf einem Berg, und weit geht der Blick über den Pool ins Tal. Die acht Zimmer und Suiten haben die Gastgeber nach dem Motto „We want to sell an experience, not a room" mit viel Liebe gestylt und mit Unikaten veredelt, die von ihren Reisen nach Afrika und Asien stammen. Für sehr exklusive

Mr T: „Berny und Glenn haben von ihren Reisen nicht nur tolle Unikate mitgebracht, sondern auch viel Lebenserfahrung, die sie mit ihren Gästen teilen."

Wünsche schweben etwas abseits im Grünen zwei Bungalows auf Stelzen zwischen Hang und Himmel! Wem dann der Sinn nach etwas Gesellschaft steht, der geht einfach auf einen Plausch zurück ins Haupthaus in den großen Aufenthaltsbereich. Hier wird morgens das Bio-Frühstück und abends das Dinner mit frischen Zutaten aus dem eigenen Garten serviert, legen die Gastgeber doch viel Wert auf Nachhaltigkeit und Qualität.

IN UND UM SÃO TEOTÓNIO
Portugal

Einsame Ruhe und wilde Schönheit am Ende Europas

Im äußersten Südwesten Portugals – und damit dem südwestlichsten Zipfel Festlandeuropas – durchfährt man wunderschöne, wenig besiedelte Küstenlandschaften mit schroffen Felsen, feinsandigen Buchten, Wäldern, Dünen, Mooren und Salzwiesen. Karge Landstriche wechseln sich mit Arealen voll dichter Vegetation ab.

Parque Natural do Sudoeste Alentejano e Costa Vicentina (ca. 15 km)

Zwischen São Torpes im Norden und Burgau im Süden, das bereits jenseits des Cabo de São Vicente an der Algarve liegt, erstreckt sich seit 1988 mit dem Parque Natural do Sudoeste Alentejano e Costa Vicentina einer der schönsten Naturparks Portugals. Vom Hotel aus ist der mittlere Abschnitt dieser nahezu unberührten Küstenlandschaft in einer Viertelstunde erreichbar. Die Heimat von Fischadlern, Fischottern und Weißstörchen, die nur hier direkt auf den Klippen nisten, umfasst auch das ins Landesinnere reichende Tal des Rio Mira bis nach Odemira. Mit ca. 450 km Wanderwegen erschließt die Rota Vicentina den Naturpark, dabei gelten die vier etwa 20 km langen Abschnitte des Trilho dos Pescadores – des Fischerwegs – direkt am Meer als die schönsten.

Sines (ca. 70 km)

Die kleine Küstenstadt Sines erreicht man in etwa einer Stunde nach eindrücklicher Fahrt entlang der Küste Richtung Norden. Bereits die Römer wussten den Ort als maritimen Stützpunkt zu schätzen, der heute neben dem kleinen Fischereihafen auch einen benachbarten großen Industrie- und Containerhafen besitzt. Über den vor Anker liegenden bunten Fischerbooten erhebt sich die pittoreske Altstadt, an deren Rand – natürlich mit Blick auf

Mrs T: „Es sind die abgelegenen Orte in der Natur, die einem die Augen öffnen – und das Herz. Das gibt jede Menge Energie."

den Atlantik – eine Statue von Vasco da Gama (um 1469 bis 1524, siehe Bild) steht. Der berühmteste Sohn der Stadt entdeckte den Seeweg nach Indien um das Kap der Guten Hoffnung. Geboren worden sein soll er in der Burg, die wie das Fort do Revelim zur Verteidigung von Sines diente.

↑ Viel Licht fällt durch die raumhohen Fenster in die Zimmer des Hotels, das mitten im Grünen liegt, umgeben von dichtem Wald, über den hinweg der Blick in die Weite geht.

PENA PARK HOTEL
Ribeira de Pena, Portugal

Im grünen Norden Portugals liegt das Pena Park Hotel inmitten der Natur. Daher bietet es sich sowohl zur entspannten Erholung wie auch als Basis für actionreiche Unternehmungen in der Umgebung an.

Hotelinfo:

Pena Park Hotel
Rua do Complexo
Turístico de Lamelas, 1
P-4870 Ribeira de Pena
Tel.: +351 259 100 880
Mail: info@
penaparkhotel.pt
Web: www.
penaparkhotel.pt

Ladeinfrastruktur:

4 Tesla DeC (alle EVs)
10 Tesla SuC (nur Tesla)

Das neue Vier-Sterne Pena Park Hotel zeichnet sich durch seine einzigartige Lage aus. Mitten in der grünen Natur Nordportugals, hoch oben auf einem Hügel und inmitten von dichten Wäldern hat man hier eine besonders schöne Aussicht. Die 93 Zimmer sind bei unterschiedlichen Gästen gleichermaßen beliebt: Hier trifft man auf Paare ebenso wie auf Familien, Geschäftsreisende oder sogar Gruppen, die hier einen besonderen Anlass feiern möchten. Kein Wunder, sind die Zimmer des Pena Park Hotel doch geräumig und geschmackvoll eingerichtet,

mit allen Annehmlichkeiten ausgestattet und durch die raumhohen Fenster besonders hell. Gastfreundschaft wird überall im Haus großgeschrieben, ganz besonders aber im Aussichtsrestaurant Biclaque. Aus lokalen und saisonalen Zutaten entstehen hier leckere Gerichte, die die kulinarische Tradition der Region modern interpretieren. Wenn es das Wetter zulässt, genießt man das Essen auf der Terrasse – und zugleich ein schönes Glas lokalen jungen Weines.

> Mrs T: *„Aufwachen mitten in der Natur mit Blick über die Landschaft ist ein Erlebnis. Bei Sonnenaufgang gibt es so gleich viel Energie für den Tag."*

Aktivitäten drinnen und draußen

Doch das Pena Park Hotel bietet nicht nur ein exquisites Restaurant, sondern auch die Möglichkeit für vielfältige Aktivitäten drinnen und draußen. So gibt es drinnen einen großen Spa-Bereich mit finnischer Sauna, türkischem Dampfbad und Innenpool. Ruhezonen, Wellnessmassagen, Detox-Anwendungen und Gesichtsmasken mit Naturprodukten sorgen dafür, dass hier Stress abgebaut und nachhaltige Entspannung aufgebaut wird. Wer stattdessen – oder ergänzend – die Kondition oder Muskulatur aufbauen möchte, geht einfach für ein dynamisches Workout an die modernen Geräte im Fitnessbereich. Draußen hingegen kann man während des Sommers den großen Außenpool benutzen und ganzjährig zum Joggen, Wandern oder Radfahren in die beeindruckende Natur direkt neben dem Hotel starten. Und wem der Sinn nach etwas mehr Action steht, der läuft einfach zum benachbarten Abenteuerpark hinüber.

↑ Wem die vier hauseigenen Tesla Destination Charger nicht reichen, der sucht sich einen der 10 Supercharger direkt am Hotel aus.

↑ Die Schönheit des portugiesischen Nordens wird hier augenfällig. Hügel, Wälder und hübsche Städtchen reihen sich pittoresk aneinander – nicht nur in der Abenddämmerung ein wahres Postkartenpanorama.

Insight Pena Park Hotel

Mitten im Grünen gelegen, hat sich das Hotel auch auf Outdoor-Sportler eingestellt. Vor allem Radfahrer finden zahlreiche Angebote und viel Unterstützung für ihre Touren. Das Hotelteam hilft gern dabei, die besten Routen zu landschaftlichen Höhepunkten oder zu regionalen Besonderheiten zu planen. Dabei nützen auch Karten und Wegbeschreibungen, die zur Verfügung gestellt werden können. Wer das Fahrrad nicht von zu Hause mitgenommen hat, kann sich natürlich eines leihen. Weitere besondere Angebote für Radler sind eine spezielle Radfahrermassage, exakte Tour-Wettervorhersagen und ein Transferservice vom Hotel zur Strecke und zurück.

Das modern designte und eingerichtete Hotel verfügt über einen großen Spa-Bereich mit Innen- und Außenpool sowie Sauna ↑ und einen Fitnessraum mit zahlreichen modernen Geräten.

IN UND UM RIBEIRA DE PENA
Portugal

Abenteuer im dünn besiedelten portugiesischen Norden

Tras o Montes – „Jenseits der Berge" – heißt die nördlichste Region Portugals, und weitab liegt der wilde, einsame Landstrich tatsächlich. Dafür ist er voller landschaftlicher Schönheiten, Natur- und Abenteuerparks und alter Städtchen – eine Gegend voller aufregender Erlebnisse.

Pena Aventura (ca. 1 km)

In direkter Nachbarschaft des Hotels liegt der Pena Aventura Park. Thematisch nach den vier Elementen Luft, Feuer, Erde, Wasser gegliedert, sind hier im lichten Wald zahlreiche Outdoor-Aktivitäten für Groß und Klein, Jung und Alt geboten. So kann man sich etwa bei „Big Air Bungee Ejection" an zwei Gummibändern 15 m in die Höhe schleudern lassen. Beim „Alpine Coaster" geht es im Bob auf Schienen rasant die Kurven den Berg hinab. Eine große Kletterwand und ein Baumwipfelpfad warten darauf, bezwungen zu werden, der nahe Fluss auf die Kajakfahrer oder Rafter. Highlight des Pena Aventura ist aber für viele Besucher das „Fantasticable". Hier gleitet man – horizontal unter einer Zip-Line aus Stahl hängend – über 1500 m lang in bis zu 150 m Höhe über das Tal zwischen zwei Hügeln und glaubt bei bis zu 130 km/h wirklich zu fliegen!

Guimarães (ca. 55 km)

Guimarães mit seiner zum UNESCO-Welterbe zählenden Altstadt ist eine gute halbe Stunde mit dem Auto vom Hotel entfernt. Da die Stadt 1096 zur Hauptstadt der Grafschaft Portugale wurde und hier ca. 1109 der spätere erste portugiesische König Alfons I. zur Welt kam, gilt Guimarães als „Wiege der Nation". Das Schloss und die abends beleuchteten Häuser in den kleinen Gassen und an den malerischen Plätzen wirken auf jeden Fall fast

Mr T: „Die Zip-Line im Pena Aventura Park ist DIE Attraktion. Man kann, gut gesichert, von einem Tal ins nächste ‚fliegen'. Wow!"

wie eine Filmkulisse. Wenn es die Zeit zulässt, sollte man abends vom höchsten Punkt der Stadt aus den spektakulären Sonnenuntergang genießen und danach in einer der zahlreichen hübschen Tavernen ein Gericht mit frischem Fisch aus dem nahen Atlantik probieren.

Museu do Linho (ca. 15 km)

Ein kleines Museum für Besucher mit Sinn für Kleidung und Stoffe ist das Museu do Linho im Ortsteil Limões. Hier erfährt man alles über die Leinenweberei, die früher in der Region ein Haupterwerbszweig war. Historische Spinnräder und Webstühle sind im Museum ebenso zu sehen wie zahlreiche Stoffmuster,

Stickereien, Tischdecken und Bettwäsche aus Leinen. Fotos, Infotafeln und Ablaufdiagramme zeigen die verschiedenen Verarbeitungsschritte vom geernteten Flachs bis zum fertigen Leinenprodukt. Angeschlossen an das Museum ist ein kleiner Showroom der örtlichen Kunsthandwerker im Leinenbereich.

Parque Natural do Alvão (ca. 29 km)

Bereits die Anfahrt zum Parque Natural do Alvão über geschwungene Straßen ist ein kleines Erlebnis. Das Naturschutzgebiet liegt am Westhang des Alvão-Massivs und erstreckt sich über zwei Höhenzonen. Während im unteren Bereich bei Ermelo auf etwa 450 m Höhe überwiegend Schiefergestein zu finden und die Landschaft grün ist, dominieren weiter oben bei Lamas de Olo auf etwa 1000 m Höhe Granit und Hochgebirgsvegetation. Der Parque Natural do Alvão ist ein Rückzugsgebiet für Wildtiere wie etwa den scheuen Wolf, den wendigen Wanderfalken oder den majestätischen Steinadler, die man als Wanderer mit viel Glück aus der Ferne erspähen kann. Aus der Nähe genießen kann man bei einer Tour auf jeden Fall die malerischen Wasserfälle Fisgas de Ermelo, in denen der Fluss Olo in mehreren Kaskaden zwischen hohen Felsen insgesamt etwa 250 m in die Tiefe stürzt.

Vila Real (ca. 45 km)

Eine etwa halbstündige Fahrt führt in das Städtchen Vila Real. Es liegt umgeben von den Bergketten des Marão und des Alvão auf einem Hochplateau und wurde schon 1289 gegründet. In der pittoresken Altstadt mit zahlreichen von Balkonen geschmückten Häusern stehen auch die Kirche São Domingo und das Geburtshaus des Seefahrers Diogo Cão, der 1482 als erster Europäer den mächtigen Strom Kongo in Afrika erreichte und auch hinauffuhr. Am kleinen örtlichen Flüsschen Corgo in Vila Real gibt es eine schöne Uferpromenade. Einen Rundgang durch das

↑ Einer der schönsten Plätze in Guimarães ist der Largo da Oliveira, an dem nicht nur die Kirche Igreja de Nossa Senhora de Oliveira und das mittelalterliche frühere Rathaus liegen, sondern der gesäumt wird von zahlreichen Cafés und Restaurants, in denen man relaxed bei einem Drink dem lebhaften Treiben zuschauen kann.

↑ Farbenspiele aus dem Blau des Himmels und des Wassers, dem Grau der Steine und den Orangetönen der trockenen Vegetation an den Fisgas de Ermelo, bevor der Olo über viele Stufen ins Tal herabfällt.

Städtchen sollte man nicht abschließen, ohne einige der lokalen Spezialitäten probiert zu haben: Hier gibt es Süßes wie „Toucinho do Céu" („Schinken des Himmels") oder Deftiges wie „Bolas de Carne" (in Brot gebackenes Fleisch).

SIX SENSES DOURO VALLEY
Samodães/Lamego, Portugal

Das traumhafte Six Senses Douro Valley setzt in einem der schönsten Weinbaugebiete der Welt neue Maßstäbe bezüglich Luxus, Nachhaltigkeit und Gastfreundschaft.

Hotelinfo:

Six Senses Douro Valley
Quinta Vale de Abraão
P-5100-758 Samodães
(Lamego)
Tel.: +351 254660600
Mail: reservations-dourovalley@sixsenses.com
Web: www.sixsenses.com/en/resorts/dourovalley

Ladeinfrastruktur:

1 Tesla DeC (nur Tesla)

Inmitten der Weinbauregion des Alto Douro befindet sich oberhalb des Flusses das Hotel Six Senses Douro Valley. Das Herrenhaus aus dem 19. Jahrhundert ist top renoviert und bietet alle modernen Annehmlichkeiten. Große Fenster öffnen die stylischen Zimmer und Suiten weit zur Natur, der Blick auf den traumhaften Park, die Weinberge oder den Douro ist atemberaubend. Neben dem Wellnessangebot im hauseigenen Spa mit Innen- und Außenpool sowie einem Bereich für Fitness und Entspannung kann man Kurse für eigene Schönheitspräparate belegen oder viel über die traditionelle Philosophie hinter Yoga erfahren. Hoteldirektor Nick Yarnell und

Mrs T: „Höchste Verwöhnkultur für alle Sinne, die sämtliche Erwartungen übertroffen hat!"

seinem Team ist sehr daran gelegen, dass die Gäste nicht nur unprätentiös verwöhnt werden, sondern dass das Haus auch möglichst nachhaltig betrieben wird. In der hervorragenden Küche kommen daher viele Zutaten aus dem eigenen Bio-Garten oder von lokalen Bauern zur Verwendung. Dass viele Weine aus lokaler Produktion stammen, versteht sich beim Six Senses im Alto Douro von selbst!

IN UND UM SAMODÃES/LAMEGO
Portugal

Portugals Weinschatzkammer an den Ufern des Douro

Seit der Römerzeit wird im Alto Douro Wein produziert, und die Patina dieser Geschichte liegt über der einzigartigen Kulturlandschaft im Norden Portugals. Der Fluss mündet schließlich bei Porto in den Atlantik, der Stadt, die dem bekanntesten Produkt der Region ihren Namen gab: dem Portwein.

Museu do Douro (ca. 7 km)

Nur wenige Minuten vom Hotel entfernt liegt auf der anderen Seite des Flusses in Peso da Régua das Museu do Douro. Geschichte und Kultur sowie natürlich der Weinbau in der Region Alto Douro – die Teil des UNESCO-Weltkulturerbes ist – stehen im Mittelpunkt der Ausstellung, die im ehemaligen Haupthaus eines Weingutes samt modernem Anbau untergebracht ist. Außer dem Museum gibt es in den Räumen auch ein Archiv und eine Bibliothek. Von der Terrasse mit einem historischen Weinschiff vor dem Gebäude kann man nach dem Museumsbesuch den Blick über den Douro schweifen lassen oder noch zur zugehörigen Weinausstellung „Memória da Terra do Vinho" in der alten Lagerhalle 43 in der nahen Rua da Ferreirinha gehen.

Lamego (ca. 11 km)

Auf der Südseite des Douro erreicht man nach einer Viertelstunde Fahrt Lamego. Es ist zwar „nur" eine Kleinstadt mit gut 26 000 Einwohnern, aber ein katholischer Bischofssitz, der erstmals 570 urkundlich erwähnt wurde und es nach mehreren Herrscherwechseln zur Zeit der Araber auf der iberischen Halbinsel dann ab 1071 wieder war. Entsprechend prägen neben den Resten der Burg zahlreiche kirchliche Gebäude die pittoreske Altstadt: die gotische Kathedrale, im 16. und 17. Jahrhundert stark

Mr T: „Das Hotel nutzt selbst auch ein Tesla Model S, und somit ist unser Auto in besten Händen und bester Gesellschaft."

verändert, der Bischofspalast, der heute das städtische Museum beherbergt, und die Wallfahrtskapelle Santuário de Nossa Senhora dos Remédios. Sie wurde ab Mitte des 18. Jahrhunderts im Stil des Rokoko errichtet und ist von der Hauptstraße aus über eine 686-stufige Doppeltreppe (siehe Bild) erreichbar.

to celebrate

Im Oktober – wenn im Alto Douro die Weinlese stattfindet – ist auch die Zeit der lokalen Weinfeste. In vielen Winzerorten bietet sich nun die Gelegenheit, den aus früheren Traubenjahrgängen gewonnenen Portwein, Rotwein oder Weißwein zu verkosten.

Weinfeste im Alto Douro
Oktober

↑ Ein herrlicher barocker Treppenaufgang führt in die Casa de Mateus. Das Schlösschen ist von einem weitläufigen Parkgelände mit altem und wertvollem Baumbestand umgeben.

to celebrate

Im August und September feiert man in Lamego die Festas em Honra de Nossa Senhora dos Remédios. Eine Statue „Unserer Lieben Frau" wird bei dieser katholischen Prozession zu Ehren Marias von zwei Stieren durch die Stadt getragen – die einzige derartige Prozession auf der Welt, bei der ein Marienbildnis von Tieren transportiert wird.

Festas em Honra de Nossa Senhora dos Remédios/Lamego
www.aromariadeportugal.pt
August bis September

to eat

3 km von der Casa de Mateus und auch nur 30 km weit vom Six Senses Douro Valley entfernt, kann man im Restaurant Caisdavilla in Vila Real in der coolen Atmosphäre eines restaurierten, modern eingerichteten 100 Jahre alten Bahnhofsgebäudes fein speisen. Hier befinden sich ein Restaurant, die Weinbar mit Steaks und Tapas, der Weinkeller und die Terrasse für die Sonnentage. Die Küche ist regional inspiriert, im Weinkeller haben natürlich die Gewächse aus dem Alto Douro das Sagen.

Caisdavilla
Rua Monsenhor
Jerónimo do Amaral, 6
5000-570 Vila Real
www.caisdavilla.com

Rio Cabrum (ca. 36 km)

Etwa eine knappe Autostunde in Richtung Westen mündet von Süden kommend der Rio Cabrum in den Douro. Das Tal des 20 km langen Nebenflusses ist am Unterlauf teils zu einem kleinen länglichen See aufgestaut, am Oberlauf jedoch weitgehend unberührt und kann über die schöne Landstraße M554-1 erreicht werden. Sie verläuft immer etwa 700 m östlich des Flusses und überquert ihn – nun als M554 – zwischen Covelinhas und Ovadas direkt neben einer Steinbrücke aus römischer Zeit. Von Covelinhas aus erreicht man auch die Cascatas dos Moinhos, bei denen der Rio Cabrum in einer engen Schlucht über mehrere Stufen in die Tiefe stürzt. Die Wasserfälle sind bei Fans des Canyoning beliebt, die sich hier mit Schutzhelm abseilen.

Miradouro de Casal de Loivos (ca. 32 km)

Während unten am Douro in Pinhão sogar die Eisenbahn in einem wunderschönen historischen Bahnhof hält, kommt man selbst mit dem Elektroauto nur mühselig hoch zum Miradouro de Casal de Loivos. Doch die kurvenreiche Anfahrt macht Spaß und lohnt sich außerdem. Vom Aussichtspunkt aus hat man einen fantastischen Panoramablick über das Tal des Douro: Weinberge, Gehöfte und kleine Ortschaften erstrecken sich auf beiden Seiten des Flusses, so weit das Auge blickt, eine Infotafel verschafft den schnellen Überblick. Die Weite und die Stille hier oben sind ein großer Kontrast zur Enge und dem oft geschäftigen Treiben unten am Fluss.

Casa de Mateus (ca. 32 km)

Kennen Sie Mateus Rosé? Das ist ein einfacher, in großen Mengen verkaufter Wein. Wer je die Etiketten gesehen hat, weiß, was ihn nach der halbstündigen Fahrt erwartet. Zu sehen ist dort (und auf dem Etikett) die Casa de Mateus (siehe Bild oben) im gleichnamigen Ort nahe Vila Real. Der italienische Architekt Nicolau Nasoni errichtete den Barockpalast mit der großen Außentreppe 1745. Auch die benachbarte Kapelle stammt aus dieser Epoche. Die Casa de Mateus ist heute im Besitz einer Stiftung, man kann die Bibliothek, einige Wohnräume, ein kleines Museum und den Weinkeller besichtigen – und diesen Besuch auf Wunsch mit einer Weinprobe verbinden. Auch die Kapelle sowie der weitläufige Park mit alten Zedern und einem kleinen See sind zugänglich. Im See spiegelt sich die Hauptfassade des alten Palastes, in seiner Mitte steht seit 1981 eine Nymphe aus Marmor, die João Cutileiro gestaltet hat.

SPANIEN

HACIENDA ZORITA WINE HOTEL & SPA
Valverdón, Spanien

Das Hacienda Zorita Wine Hotel & Spa nahe Salamanca ist ein traumhaftes Hotel in einem ehemaligen Kloster mit reicher Geschichte, das Hochgenuss in perfekter Umgebung bietet.

Nähert man sich dem Hacienda Zorita Wine Hotel & Spa, so merkt man, dass es schon immer ein stattliches Gebäude gewesen sein muss – es war ein Kloster! Schön restauriert, ist es auch heute noch ein Ort der Ruhe und der Einkehr. Herzlich wird man sogleich begrüßt im „Welcome Home", das nicht nur die Funktion einer Rezeption hat, sondern auch der Shop für die hauseigenen Weine ist. Die Mönchszellen wurden zu eleganten Gästezimmern umgebaut, die teils so groß sind wie ein mittleres City Apartment. Warme Erdtöne, Natursteinböden und viel Holz zitieren die Vergangenheit, die großen Badezimmer betonen die Gegenwart, liebevolle Details

Mrs T: „Was ist schöner, als im Hotelgarten zu sitzen, während vier Störche majestätisch ihre Runden drehen und sich dann auf dem Dach niederlassen?"

vollenden den positiven Eindruck. Mit seinem großen Garten ist die Hacienda eine kleine Welt für sich. Eine Welt, die einst sogar Christoph Kolumbus besuchte. Er soll dem Kloster die Samen der vier Mammutbäume geschenkt haben, die heute als 500 Jahre alte Giganten das Grundstück überragen. Riesig ist auch die Auswahl an hauseigenen Weinen, die man zu den schmackhaften, biologischen Gerichten im Restaurant genießen kann.

IN UND UM VALVERDÓN
Spanien

Karge Hochebene von herber Schönheit

Westlich von Madrid wird es einsamer und karger, und eine weite, ca. 800 m hoch gelegene Ebene öffnet sich. Auf den Besucher strahlt die Region eine große Ruhe aus. Man betreibt Landwirtschaft und hat große Stauseen angelegt, um die trockene Erde bewässern zu können, z. B. die Almendra-Talsperre mit ihrer beeindruckenden 200 m hohen Staumauer.

Salamanca (ca. 13 km)

Das Hotel liegt etwa 15 Autominuten von Salamanca entfernt, Sitz der drittältesten Universität der Welt. Ihre Studenten prägen das Bild Salamancas, nicht nur im mittelalterlichen Zentrum rund um die Universität, die beiden Kathedralen und die riesige Plaza Mayor. Der barocke Platz mit seinen Stadthäusern mit Arkaden gilt als der schönste Spaniens. Neben dem reich verzierten Rathaus findet man hier zahlreiche Cafés und Restaurants, in und vor denen Einheimische wie Touristen bis spätnachts sitzen und die einmalige Stimmung genießen. Beim Bummel durch die Altstadt gibt es auch die „Casa de las conchas" mit über 300 steinernen Jakobsmuscheln an der Fassade und die Römische Brücke über den Fluss Tormes zu entdecken, schließlich ist Salamanca über 2000 Jahre alt und UNESCO-Weltkulturerbe.

Parque Natural de Arribes del Duero (ca. 80 km)

Fährt man von der Hacienda Zorita auf den Straßen SA-300 und SA-302 durch die landwirtschaftlich genutzte Hochebene nach Westen, erreicht man zunächst den großen Almendra-Stausee. Das Gebiet westlich des Sees gehört bereits zum Parque Natural de Arribes del Duero, einem Naturschutzgebiet, das sich etwa 80 km von Nord nach Süd erstreckt und auf der anderen Seite des Duero/

Mr T: „Die Hacienda ist ein weltoffenes Weingut, wie das hier gebraute Kolumbus-Bier ‚Coolumbus' unter Beweis stellt."

Douro in Portugal sein Pendant hat. Der Naturpark ist mit seinen Korkeichen und Wacholderbäumen ein Rückzugsort für Tiere wie Wild- und Ginsterkatzen, Dachse und Fischotter. Beliebt bei Wanderern ist der Wasserfall Pozo de los Humos, der etwa 2 km vom Duero entfernt in einem grünen Seitental liegt.

HOSPES PALAU DE LA MAR
Valencia, Spanien

Die Lage nicht weit von Valencias historischer Mitte macht das charmante Hospes Palau de la Mar zu einem idealen Design-Hotel für Reisende, die die Stadt auf kurzen Wegen erkunden möchten.

Hotelinfo:

Hospes Palau de la Mar
Avinguda de Navarro
Reverter, 14
E-46004 Valencia
Tel.: +34 963 162 884
Mail: palaudelamar@
hospes.com
Web: www.hospes.
com/palau-mar

Ladeinfrastruktur:

1 Tesla DeC (nur Tesla)
1 Tesla DeC (alle EVs)

Im eleganten Viertel Eixample der Hafenstadt Valencia befindet sich das Hospes Palau de la Mar in einem klassischen Stadthaus aus dem 19. Jahrhundert. Es wurde mustergültig renoviert: Der wunderschöne Eingangsbereich innen ist sehr hell, Gleiches gilt für die verschiedenen Zimmer – vom Doppelzimmer „Dreamer's" bis zur exklusiven „Präsidentensuite". Der hübsche Innenhof bildet eine ruhige Oase in der lebhaften Stadt. Die aufmerksamen Mitarbeiter geben den Gästen gern Empfehlungen – sei es im Hinblick auf die Besichtigung von Valencia oder die Weinauswahl im Restaurant Ampar. Dort kreiert Küchenchef Carlos Julián superbe Reisgerichte,

Mr T: „Das Auto findet seinen Platz am Destination Charger, denn Valencia hat die ideale Größe, um zu Fuß oder mit dem Fahrrad entdeckt zu werden."

für welche die Region ebenso bekannt ist wie für frisches Gemüse und Früchte als Zutaten. Soll es nur ein Snack sein, bietet sich die zwanglose Loungebar Ampar an. Auf den Innenhof sieht man von den Anwendungsräumen des Spas im ersten Stock, in denen stark auf Bio-Naturkosmetik gesetzt wird. Ergänzt wird das Spa durch einen „klassischen" Wellnessbereich im Souterrain mit Indoor-Whirlpool, Sauna, Dampfbad und Fitnessraum.

IN UND UM VALENCIA
Spanien

Stadt der Kontraste

In Valencia findet alles zueinander: Alt und Neu, die maurische und spanische Vergangenheit und eine Aufgeschlossenheit für die Moderne, wie sie selten zu finden ist. Das alles liefert aber nur den Hintergrund für eine lebenssprühende City mit unzähligen Cafés und Restaurants, Shops, Museen, Parks und Ausstellungen – eine großartige Stadt!

Ciutat Vella (ca. 1 km)

Nur wenige Gehminuten sind es vom Hospes Palau de la Mar in die Ciutat Vella, die historische Altstadt von Valencia. Im Gewirr von kleineren und größeren Gassen und Straßen versteht man schnell, warum Valencia angeblich „nie schläft". Überall entdeckt man neue kleine Cafés und Restaurants, Boutiquen und andere Geschäfte voller Leben, überall staunt man über die große Dichte an schön restaurierten Häusern. Mittendrin: das Nationale Keramik- und Handwerksmuseum mit seiner spektakulären Sammlung, die gotische Kathedrale mit dem Heiligen Kelch – der Überlieferung nach der des Letzten Abendmahls Christi – sowie der pittoreske Mercat Central. In dieser Markthalle gibt es Hunderte von kulinarischen Angeboten, die einem das Wasser im Munde zusammenlaufen lassen.

Ciutat de les Arts i les Ciències (ca. 2 km)

Einen größeren Gegensatz zur Ciutat Vella als die von den Architekten Santiago Calatrava und Félix Candela erbaute „Stadt der Künste und der Wissenschaften" im trockengelegten Flussbett des Turia kann man sich kaum vorstellen. In einem weitläufigen Parkgelände erheben sich aus riesigen Wasserbecken mehrere weiße Gebäudekomplexe, die fast nur aus Kreiselementen und Ellipsen zu bestehen scheinen (siehe Bild). Sie beherbergen

Mrs T: „Die Mischung macht's: Alt und Neu passen wunderbar zusammen, man wohnt hier historisch, stilvoll und modern zugleich."

ein Wissenschaftsmuseum, die Oper von Valencia, das mit 110 000 m² größte Aquarium Europas, eine Multifunktionshalle sowie ein hypermodernes 3-D-Kino, Planetarium und Laserium. Kein Wunder, dass die Ciutat de les Arts i les Ciències auch Hollywood schon als Science-Fiction-Kulisse diente.

to eat
Die Paella Valenciana gilt als Nationalgericht der Region und wird an der ganzen spanischen Mittelmeerküste gekocht. Basis ist Reis, der mit Safran sein typisches Gelb erhält. An Hauptzutaten kommen helles Fleisch vom Huhn und Kaninchen hinzu, ferner Tomaten, grüne und weiße Bohnen. Salz, Knoblauch und Rosmarin geben die Würze. In zahlreichen Restaurants der Stadt kann man sich die Paella Valenciana schmecken lassen, von der 1992 für den Eintrag im Guinness-Buch der Rekorde in Valencia sogar in einer 20-m-Pfanne eine Portion für 100 000 Personen zubereitet wurde.

Paella Valenciana erhält man überall in der Stadt

LA FUENTE DE LA HIGUERA

Ronda, Spanien

Das Hotel La Fuente de la Higuera ist ein schmuckes, familiengeführtes Juwel mit wunderschöner Aussicht auf die sanfte andalusische Landschaft, das den Gästen Erholung pur bietet.

Hotelinfo:

La Fuente de la Higuera
Partido de los
Frontones s/n
E-29400 Ronda
Tel.: +34 6 15 69 00 24
Mail: info@
hotellafuente.com
Web: www.
hotellafuente.com

Ladeinfrastruktur:

2 Tesla DeC (nur Tesla)
1 Tesla DeC (alle EVs)

Auf einer Anhöhe wenige Kilometer nördlich der andalusischen Stadt Ronda erhebt sich das Hotel La Fuente de la Higuera. Die alte Finca wurde von Christina Piek und ihrer Familie mit viel Aufwand in ein wunderschönes, feines Boutique Hotel umgebaut. Die Zimmer und Suiten sind alle individuell eingerichtet, die geschmackvollen dunklen Holzmöbel greifen den traditionellen Stil andalusischer Herrenhäuser auf. Antiquitäten und Bilder runden das Interieur ab; vor den Fenstern und Türen blühen Rosen. Außerdem wachsen dort Zitronen und Orangen. Überhaupt ist der Hotelgarten mit den stattlichen Palmen, den alten Olivenbäumen und dem

Mr T: „*Dass man beim Dinner unter dem Sternenhimmel sitzen kann, passt perfekt zum Niveau der Küche.*"

tiefblauen Pool ein romantischer Traum – und von den Liegen könnte man endlos über die sanfte Landschaft blicken. Doch dann würde man das leckere Essen verpassen, das Koch Pablo, der Sohn der Familie, persönlich zubereitet. In der Küche wird nur mit besten, frischen Zutaten, teilweise aus dem eigenen Garten, gearbeitet. Und wer am liebsten mitkochen würde, mixt sich zumindest hinterher einen Drink an der Honesty Bar selbst.

IN UND UM RONDA
Spanien

Am Südende der Iberischen Halbinsel

In Andalusien liegen die Spuren der maurischen Vergangenheit so offen zutage wie sonst nirgendwo in Spanien. Bezaubernde orientalisch inspirierte Bauten oder die Kultur der oasenhaften Innenhöfe entführen den Besucher in eine exotische Welt. Als Kontrast dazu zeigt sich die mondäne Costa del Sol und die britische Exklave Gibraltar mit dem berühmten „Affenfelsen".

Ronda (ca. 10 km)

Mit seiner auf einem Felsplateau liegenden, strahlend weißen Altstadt La Ciudad gilt Ronda als eines der schönsten Städtchen Andalusiens. Steht man oben an der Felskante des Mirador de Ronda, so hat man einen spektakulären Ausblick auf das Umland. Spektakulär ist auch die „Froschperspektive", wenn man in die tiefe Schlucht Tajo de Ronda hinabsteigt, die die Altstadt von der Neustadt trennt, und von dort wieder hinauf zur gigantischen Brücke Puente Nuevo aus dem 18. Jahrhundert sieht (siehe Bild). In dieser Zeit entstanden in Ronda auch die Regeln für den modernen spanischen Stierkampf und die imposante Stierkampfarena, die Ernest Hemingway in einem seiner Bücher verewigte. Einen guten Einblick in die Arena, quasi aus der Vogelperspektive, erhält man von der coolen Rooftop-Bar im benachbarten Hotel Catalonia Ronda aus.

Gibraltar (ca. 110 km)

Von Ronda führt die malerische Landstraße A-369 an der im Westen gelegenen Sierra Grazalema entlang über die A-405 immer weiter nach Süden zu einem anderen Felsen: The Rock, wie das seit 1713 offiziell britische Überseegebiet Gibraltar auch genannt wird. Hat man Gibraltar betreten, erreicht man bald das kleine Zentrum mit der Main Street, um die herum es „very british" zugeht und wo

Mrs T: „Unsere großzügige Suite hat ein Badezimmer mit Kupferbadewanne, einen offenen Kamin und das Beste: eine Privatterrasse."

nette Cafés und Geschäfte warten. Auch das The Rock Hotel mit dem südlichsten Tesla Destination Charger Kontinentaleuropas befindet sich in der Nähe, während sich die Berberaffen oberhalb der Stadt im bis zu 426 m hohen Kalksteinfelsen tummeln, auf den man mit der Seilbahn hinauffahren kann.

↑ Wer eine Schule des guten Geschmacks besuchen möchte, ist im edel und luxuriös, doch niemals protzig eingerichteten Maria Cristina genau richtig. Wertvolle Materialien in zeitlos schönen Designs vermitteln eine unprätentiöse Exklusivität.

HOTEL MARIA CRISTINA
San Sebastián, Spanien

Höchster Luxus und Wohlfühlwert zeichnen das Hotel Maria Cristina im Herzen von San Sebastián aus. Das top geführte, top renovierte und top designte Traditionshaus ist an jeder Ecke eine Augenweide.

Hotelinfo:

Hotel Maria Cristina
Paseo Republica
Argentina, 4
E-20004 San Sebastián
Tel.: +34 943 437 600
Mail: Kontakt über die Website
Web: www.theluxurycollection.com/mariacristina

Ladeinfrastruktur:

1 Tesla DeC (nur Tesla)
1 Tesla DeC (alle EVs)

Würde man beim Anblick des Hotel Maria Cristina in San Sebastián für einen Augenblick die Augen schließen, so sähe man vor dem geistigen Auge vielleicht eine historische Kutsche, aus der gerade ein elegantes Paar ausstiege, um in dem cremefarbenen Hotel mit der großen Kuppel die Sommertage zu verbringen. So aber steht vor diesem Traditionshaus der Belle Époque ein moderner Tesla, der hier selbstverständlich auch geladen werden kann. Dies passt perfekt zur Philosophie von Ned Capeleris, dem Hotelmanager, dem die Verankerung des Hotels in der Stadt ein wichtiges Anliegen ist und der sein Team wie eine Familie führt. Und obwohl das Haus ein Luxushotel ist, die Atmosphäre ist herzlich und einladend zugleich.

Royaler Glanz und Movie Glamour

Royalen Glanz strahlen auch die Zimmer und Suiten des Hotel Maria Cristina aus, von denen die schönsten die in den Eckräumen unter der Kuppel oder die mit den großen Dachterrassen neben der Kuppel sind, jeweils mit weitem Blick über Stadt, Fluss und Bucht. Filmfans hingegen genießen den Movie Glamour der Bette Davis Suite, in der zahlreiche Porträtfotos an die legendäre Hollywooddiva erinnern. Mondän und zugleich filmreif ist auch das DRY San Sebastián, die Bar des Hotels mit großer Außenterrasse. Die Karte umfasst zahlreiche klassische Cocktails wie den „White Russian" und innovative Kreationen wie den „Lost in Translation", der mit japanischem Whisky und Sake gemixt wird. Der Signature Cocktail ist aber der „Jim-Let Fox-Trot", der vom bekannten Mixologen Javier de las Muelas aus der Taufe gehoben wurde. Wer das Augenmerk lieber ganz auf das Essen richtet, wird im Hotel im Pop Up Restaurant mit seiner spanischen oder im Café Saigon mit seiner asiatischen Küche fündig. Die einverleibten Kalorien gleich wieder verbrennen kann man im 170 m² großen Fitnessbereich. Hier stehen modernste Laufbänder, Fitnessräder und Krafttrainingsgeräte für das Workout bereit, was ebenfalls zeigt, wie perfekt das Haus Tradition und Gegenwart verbindet.

> *Mr T: „Die enge Verbindung des Traditionshauses mit San Sebastián, mit der Geschichte und Zukunft, ist überall spürbar."*

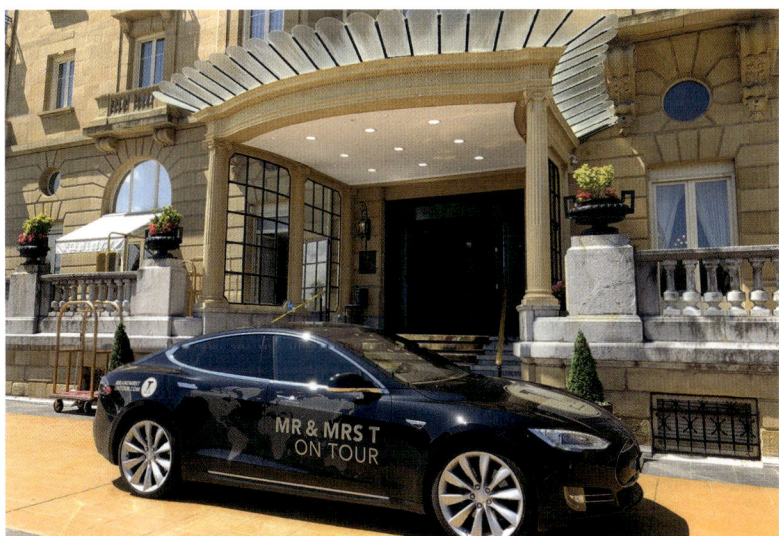

↑ Tesla statt Kutsche – natürlich ist man im perfekten Maria Cristina auch auf Gäste mit Elektroantrieb vorbereitet.

↑ Ebenso prachtvoll wie das gegenüberliegende Theater steht das Hotel im Altstadtviertel Parte Zaharra an der Okendo Plaza und nur wenige Schritte vom Stadtfluss Urumea entfernt.

Insight Maria Cristina

Passend zum exquisiten Ambiente und der hervorragenden Küche im Hotel Maria Cristina gibt es hier mit der Bar DRY San Sebastián eine der mondänsten Locations dieser Art überhaupt. Die Einrichtung verbindet den Stil der Belle Époque mit zeitgenössischem Glamour. Raffinierte Spiegeldekors an den Wänden, samtene Stühle und Ledersessel machen die Bar zum perfekten Ort zum Relaxen (siehe Bild Seite 32). Die vielen Fotos von Stars erinnern an die goldenen Zeiten des San-Sebastián-Filmfestivals, und auch heute noch geben sich alljährlich viele Top-Schauspieler die Ehre. So mischen sich schon mal VIPs unter die illustren Gäste dieser tollen Bar.

Die Qualität der Einrichtung, das Wohnen in den luxuriösen Zimmern und Suiten, die Atmosphäre im Hotel ebenso wie die ↑ Ansprüche der Küche: In jeder Beziehung erreicht das Maria Cristina Spitzenwerte.

IN UND UM SAN SEBASTIÁN
Spanien

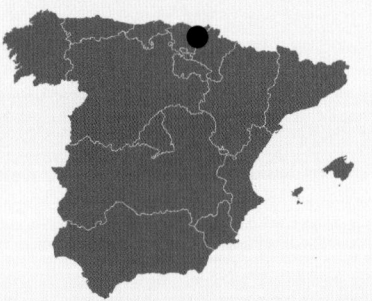

Unternehmungen im Baskenland

Nur 20 km von der Grenze zu Frankreich entfernt, bezaubert die Hauptstadt der spanischen Basken mit ihrer Lage in der wunderschönen Bucht La Concha und einer Überfülle an gastronomischen Möglichkeiten – was für ein Genuss für Augen und Gaumen!

to eat

Beim Namen Akelarre horchen Kenner seit fast einem halben Jahrhundert sofort auf: San Sebastiáns legendäres, seit 1970 bestehendes Feinschmeckerlokal konnte seither peu à peu drei Michelin-Sterne erringen – und halten. Das Team um Pedro Subijana bringt Fisch und Meeresfrüchte in immer neuen, inspirierenden Varianten auf die Teller der Gäste, die dazu aus 650 Spitzenweinen aus aller Welt wählen können. Seit das Akelarre 2017 in neue Räume im Stadtteil Igueldo umgezogen ist, können die Gäste außerdem einen noch schöneren Panoramablick genießen.
Akelarre
Padre Orcolaga, 56 (Igeldo)
www.akelarre.net/en/

Playa de La Concha (ca. 1 km)

Gerade einmal zehn Minuten zu Fuß sind es vom Hotel zur Playa de La Concha, die als einer der schönsten Stadtstrände weltweit gilt. Mit über 1300 m Länge und im Schnitt 40 m Breite erstreckt sich der Strand in einem nahezu perfekten – wie der Name besagt: muschelförmigen – Bogen entlang der gleichnamigen Bahia mit der Isla de Santa Clara. Was die Bucht mit der Insel für Surfer, Windsurfer und Paraglider auf der einen Seite und der Strand selbst für Badegäste, Strandwanderer und Beachvolleyballer, ist der am gesamten Strand entlang verlaufende Paseo mit seinen eleganten Hotels, Apartmenthäusern und Cafés für alle Flaneure: ein kleines Paradies. Und wie um das Glück auf Erden absolut perfekt zu machen, schließt sich nach Westen noch die 500 m lange Playa de Ondarreta an.

Palacio de Miramar (ca. 2 km)

Der Palacio de Miramar ist ein ehemaliger königlicher Sommerpalast auf einer kleinen Landzunge, die die Playa de La Concha vom nächsten Strand trennt. Beauftragt von Maria Cristina, der Witwe König Alfonsos XII., entwarf der britische Architekt Ralph Selden Wornum einen Palast im englischen Stil mit neogotischen Elementen, der 1893 fertiggestellt wurde. Nach dem Tod der Königinwitwe 1929 ging der Palast auf ihren Sohn König Alfonso XIII. über, bevor die Zwei-

Mrs T: „Angesichts der Herzlichkeit des Hotelteams im Maria Cristina fühlt man sich, als ob man schon 100-fach hier gewesen wäre.“

te Republik das Gebäude 1931 konfiszierte. Das Franco-Regime gab den Palacio de Miramar schließlich 1958 an Alfonsos Sohn Don Juan zurück, der ihn 1972 an die Stadt verkaufte. Heute können die königlichen Räume und der Garten besichtigt werden, einen Teil des Gebäudes nutzt die Universität für ihre Sommerkurse.

Parte Zaharra (ca. 1 km)

San Sebastiáns – Donostia auf Baskisch – historische Altstadt liegt zwischen der Bahia de La Concha im Westen, dem steil aus dem Meer ragenden Monte Urgull im Norden sowie dem Fluss Urumea im Osten und ist nur wenige Gehminuten vom Hotel entfernt. Der

Name ist eine Synthese aus spanisch Parte Vieja sowie baskisch Alde Zaharra, was jeweils schlicht Altstadt bedeutet. Das 1813 niedergebrannte und danach wieder aufgebaute Viertel machte bis zur Schleifung der Stadtmauern 1862 die eigentliche Stadt aus. Heute sind die Gassen mit den blumengeschmückten Häusern rund um die Plaza de la Constitutión ein perfekter Ort, den Abend zu verbringen. Denn hier kann man in zahlreichen Bars die beliebten Pintxos de Donostia genießen, kalte und warme Spezialitäten der Region, die wie Tapas in kleinen Häppchen serviert werden. Wer es richtig machen will, der geht auf kulinarische Entdeckungsreise durch die Altstadt: In jeder Bar steht man an der Theke, wählt sich ein paar leckere Kunststücke aus, trinkt dazu ein Bier und zieht danach weiter, um anderen Gästen Platz zu machen, zum nächsten Ort mit den nächsten schmackhaften Kreationen. Oder man schließt sich einfach einer der Pintxos-Führungen an, über die man sich im Hotel bestens informieren kann.

Guggenheim-Museum Bilbao (ca. 100 km)

Wer statt Altstadt lieber einen modernen Akzent setzen möchte, ist im eineinhalb Autostunden entfernten Bilbao richtig. Das aufsehenerregende „neue" Guggenheim gestaltete Frank O. Gehry und wurde 1997 fertiggestellt. Es zeigt eine Dauerausstellung mit zeitgenössischen Skulpturen, Installationen und Videokunst sowie ständig wechselnde Ausstellungen unterschiedlichster Themen. Architektur und Kunst gehen hier eine unglaublich spannende Verbindung ein – ein Erlebnis!

Aquarium (ca. 2 km)

Das Aquarium von San Sebastián liegt nordwestlich des Fischerhafens in einem in die dortige Steilküste gesetzten Gebäude, ist vom Hotel zu Fuß in gut 20 Minuten erreichbar und täglich geöffnet. Neben einer großen Vielfalt an tropischen Fischen tummeln sich Seepferdchen und Karettschildkröten,

↑ Einer der schönsten Stadtstrände überhaupt: die Playa de La Concha. Der Zugang zum offenen Meer aus der muschelförmigen Bucht wird von den beiden Felsmassiven Monte Igueldo zur Linken und Monte Urgull zur Rechten „bewacht".

↑ Pintxos sind das Markenzeichen der baskischen Küche. Sie ähneln zwar Tapas, sind aber oft kleine Spießchen (daher der Name, spanisch pinchos heißt Spieße) und oft liegen die Leckereien auf einer kleinen Scheibe Brot. Der Variantenreichtum ist riesig – alle zu probieren wird also nicht klappen, auch wenn die Verführung dazu groß ist.

Muränen und Rochen in den Becken. Besonders beeindruckend sind die majestätischen Haie im 2,5 Mio. Liter großen Hauptbecken, durch das ein spektakulärer Glastunnel führt.

MAS FALGARONA

Avinyonet de Puigventós/Figueres, Spanien

Mit dem Mas Falgarona Hotel & Spa versteckt sich nahe der französischen Grenze ein charmantes und stilvolles Haus in der Natur Nordkataloniens, das gerade deshalb beste Voraussetzungen für erholsame Tage bietet.

Hotelinfo:

Mas Falgarona
Carrer de Llers, s/n
E-17742 Avinyonet de
Puigventós (Girona)
Tel.: +34 972 54 66 28
Mail: info@
masfalgarona.com
Web: www.
masfalgarona.com

Ladeinfrastruktur:

1 Tesla DeC (nur Tesla)
1 Tesla DeC (alle EVs)

Durch eine kleine Zypressenallee führt die Anfahrt zum Mas Falgarona Hotel & Spa in der Nähe der katalonischen Stadt Figueres. Das kleine Boutique Hotel liegt inmitten der Natur in wunderschönen Gebäuden aus dem 15. Jahrhundert. Drinnen sieht man überall Designermöbel und liebevoll ausgesuchte Accessoires. Jedes der 14 Zimmer ist individuell und hochwertig ausgestattet – die kleine „Villa Deluxe" sogar mit kompletter Küche. Max ist der perfekte Gastgeber und schmunzelt, man habe im Mas Falgarona eine „Tesla-Mentalität", womit er Bezug nimmt auf das einzigartige Design. Dies merkt man im Spa-Bereich mit Indoor-Pool, Sauna, Ruhe- und

Mr T: „Mitten in der Natur genießen wir täglich unser Frühstück draußen am Pool unter einer Palme und lauschen dem Gezwitscher der Vögel."

Anwendungsräumen, der in eine alte Scheune aus Naturstein integriert wurde. Noch schöner allerdings ist es, draußen am Outdoor-Pool zu liegen und einfach die Natur auf sich wirken zu lassen. Auch beim Essen im Mas Falgarona wird Qualität großgeschrieben: Auf den Tellern finden sich feine lokale Produkte wieder, viele Zutaten stammen aus dem eigenen Gemüsegarten, und auch die hervorragenden Weine zum Menü sind aus der Region.

IN UND UM FIGUERES

Spanien

Die wilde Küste Kataloniens

Anders als man es von den bekannten Bade-domizilen Lloret de Mar oder Blanes her kennt, ist die so berühmte Costa Brava keine Küste mit langen Sandstränden und vorgebauten Hotelan-lagen, sondern überwiegend ein felsiges Revier, in das immer wieder sehr schöne, manchmal nur mit dem Boot erreichbare Buchten einge-streut sind – eine Küste zum Neuentdecken.

Teatre-Museu Dalí (ca. 7 km)

Das Hotel liegt nur wenige Kilometer au-ßerhalb von Figueres, der Geburtsstadt von Salvador Dalí. Im alten Theater des Ortes – in dessen Foyer der spätere Meister des Surrea-lismus als junger Maler seine erste Ausstellung hatte – befin-det sich seit 1974 das Teatre-Museu Dalí. Es stellt das größte surrealistische Objekt der Welt dar und wurde von Dalí noch zu Lebzeiten bis ins kleinste Detail konzipiert. In über 20 Räumen werden etwa 1500 Kunstwerke Dalís aus allen seinen Schaffensperioden gezeigt – vom Impressionismus über den Futurismus und Kubismus bis hin zum Surrealismus. Im-mer wieder eröffnen sich skurrile Perspekti-ven, neue Blickwinkel, optische Täuschungen und andere Bild- und Fotosujets, die von sei-ner unglaublichen Kreativität zeugen. Auch die Krypta, in der Salvador Dalí beerdigt ist, kann besichtigt werden.

Girona (ca. 47 km)

Etwa eine Dreiviertelstunde dauert die Fahrt in die Provinzhauptstadt Girona, wobei die Route über die N-II parallel zur Autobahn die bessere, weil schönere Wahl ist. Die gut 100 000 Einwohner große Stadt ist für ihre moderne Universität und für ihre historische Altstadt am Fluss Onyar bekannt, in der auch die eindrucksvolle Kathedrale Santa Maria steht. Von dort sind es nur wenige Schritte zur

Mrs T: „Das Hotel liegt ideal – als Zwischen-halt auf der Fahrt in den Süden oder Start-punkt für Fahrradtouren und Wanderungen.“

malerischen Rambla de la Libertad, in der es zahlreiche Cafés, Restaurants und Geschäfte zu entdecken gibt. Und auf der anderen Sei-te des Onyar lohnt dann noch das Museu del Cinema einen Besuch, das mit seinen oftmals skurrilen Exponaten zur Kinogeschichte be-stimmt auch Salvador Dalí gefallen hätte.

to eat

In Girona befindet sich das Restaurant El Celler de Can Roca. Es wird seit 1986 von den Roca-Brüdern betrieben: Küchen-chef Joan, Dessert-Guru Jordi sowie Sommelier Josep. Ihre Neuinterpreta-tion der kataloni-schen Küche wurde nicht nur mit drei Michelin-Sternen bedacht, auch sonst erhielten die Brüder zahlreiche Auszeichnungen und internationale Reputation.

El Celler de Can Roca
Can Sunyer, 48
E-17 007 Girona
www.cellercanroca.com

LA TORRE DEL VISCO
Fuentespalda/Teruel, Spanien

Das La Torre del Visco ist eine wunderbare grüne Ruheoase zwischen Barcelona und Valencia. Umgeben von einem prachtvollen Garten und eigenem Ackerland, kann man hier im Hotel herrlich entspannen.

Bereits die Anfahrt zum La Torre del Visco ist ein Highlight. Die Straße schlängelt sich durch eine atemberaubend wilde Landschaft. Das Hotel selbst ist eine Torre, also ein Turm, und zwar einer aus dem 15. Jahrhundert, der in ein kleines Paradies umgebaut wurde. Als einziges belebtes Haus im gesamten Tal ist er von 100 ha eigenem Ackerland umgeben, auf dem Olivenöl und andere organische Produkte wie Obst und Gemüse erzeugt werden. Jemma Markham und ihr Team kümmern sich zuvorkommend um die Gäste in den 16 Zimmern und bis zu 80 m² großen Suiten. Wichtig ist der Besitzerin gelebte Nachhaltigkeit. Daher gibt es nicht nur zwei

Mrs T: „Beim Blick ins weite Tal oder in den Garten mit den wunderschönen Blumen fühlt man sich wie eine Prinzessin im Schloss ihres Traumprinzen."

Tesla Destination Charger, sondern auch eine eigene Quelle für das Wasser und viele selbst angebaute Lebensmittel, die ihren Weg in die Küche des Hauses finden, die zugleich auch als Frühstücksraum, Aufenthaltsraum und sogar Rezeption dient. Während man hier den Köchen bei der Zubereitung der hochwertigen Mahlzeiten zusieht, ist immer Zeit für ein kleines Gespräch wie unter guten Freunden.

IN UND UM FUENTESPALDA
Spanien

Entdeckungen im geschichts-trächtigen Aragonien

Als eines der historischen Stammlande Spaniens gehört Aragonien auch zu den grünsten Regionen des Landes, mit weiten Waldlandschaften am Fuße der Pyrenäen und in den Hügeln des iberischen Randgebirges im Süden, das CO_2-frei zu durchfahren einfach Spaß macht.

Valderrobres (ca. 6 km)

Auch heute noch dominiert das historische Zentrum des wenige Autominuten nördlich gelegenen Städtchens Valderrobres („Tal der Eichen") mit seiner eindrucksvollen Häuserfront hin zum Rio Matarraña das Tal. Über die steinerne Brücke Puente de Piedra und das Tor San Roque geht es hinein in die engen Gassen mit der gotischen Kirche Santa María la Mayor, die nach dem Vorbild der Kathedrale von Tarragona erbaut wurde. Auch das Castillo an der höchsten Stelle des Zentrums von Valderrobres stammt aus dem Mittelalter. Gleich neben diesen beiden Gebäuden liegt das Museum. Es zeigt neben regionalgeschichtlichen Exponaten und einer Sammlung historischer Kostüme auch eine Dauerausstellung über Elvira de Hidalgo, die in Valderrobres geborene Opernsängerin und Gesangslehrerin von Maria Callas.

Salto de la Portellada (ca. 6 km)

Wäre der Salto de la Portellada (siehe Bild) in Arizona, müssten wie im Film eigentlich gleich einige Apachen auf ihren Pferden erscheinen. Aber da er im spanischen Aragonien liegt, parken nur einige Autos entlang des gewundenen Zufahrtswegs, auch wenn der Wasserfall über dem rötlich schimmernden überhängenden Felsen wirklich wie eine Wildwest-Landschaft wirkt. Vom Hotel ist der

Mr T: „Abends bequem in der Bibliothek zu sitzen, dem Kaminfeuer zuzusehen und klassische Musik zu hören – das hat was!"

See mit der pittoresken Kaskade auch zu Fuß in einer Wanderung erreichbar, wenn man in dem kleinen kristallklaren See unterhalb des Salto eine Runde schwimmen möchte. Alternativ bietet sich der Wasserfall als Start- und Zielpunkt weiterer Wanderungen durch die nähere Umgebung an.

to celebrate

Am 17. Januar begeht die Stadt Valderrobres ein Fest zu Ehren ihres Schutzpatrons San Antón. In der Nacht zum Festtag wird zur Feier des Heiligen ein großes Lagerfeuer entzündet, in dem der Christbaum, der in der Weihnachtszeit ausgestellt war, verbrennt. Der Tag ist ein lokaler Feiertag.

La fiesta de
San Antonio Abad
www.valderrobres.es
17. Januar

↑ Beim Wasserfall Salto de la Portellada kann man wunderbar meditieren und dem tosenden Wasser lauschen.

↑ Vom Hotel blickt man rundum in unberührte Natur wie z.B. den Naturpark Sierra de Mariola, die ideale Umgebung, um mehr Energie zu tanken.

MASQI – THE ENERGY HOUSE

Banyeres de Mariola, Spanien

In der Abgeschiedenheit der spanischen Sierra de Mariola ist das MasQi – The Energy House mit seinem Konzept aus Wellbeing und Nachhaltigkeit der perfekte Ort, die eigenen Batterien wieder aufzuladen.

Hotelinfo:

MasQi – The Energy House
Camino de la Mallaeta, s/n
E-03450 Banyeres de Mariola (Alicante)
Tel.: +34 965 567 232
Mail: info@masqi.es
Web: www.masqi.es

Ladeinfrastruktur:

1 Tesla DeC (nur Tesla)
1 Tesla DeC (alle EVs)

Man muss nicht unbedingt Spanisch und Chinesisch können, um das Konzept des MasQi – The Energy House zu verstehen, aber treffend gewählt ist der Name des Boutique Hotels allemal: „Mas" – „mehr" und „Qi" – „Energie, Atem", also „Mehr Energie". Als Sonia Ferre daran ging, das alte Landgut aus dem 19. Jahrhundert hoch oben in den Bergen zwischen Alicante und Valencia in ein Hotel umzugestalten, sollte es ein Ort werden, an dem die Gäste neue Energie schöpfen und entschleunigen können. Die Ruhe am Rande des Naturparks Sierra de Mariola ist dafür eine hervorragende Basis, das mit viel Hingabe und Liebe umgestaltete Haus mit gerade einmal acht Zimmern und Suiten dann der perfekte äußere Rahmen. Die Zimmernamen wie „Shanti", „Om" und „Namaste" weisen bereits darauf hin, was das wichtigste Element im MasQi – The Energy House ist: die Einbindung östlicher Lehren, um das Wohlbefinden der Gäste zu stärken.

Mrs T: „Das MasQi ist mit dem großen Wellbeing-Angebot sozusagen der Supercharger unter den Destination Charging Hotels!"

Eigene Yoga-Hemisphäre im Garten

In einem eigens dafür errichteten, lichtdurchfluteten Kuppelraum „The Dome" neben dem Pool bieten Sonia Ferre und ihr Team den Gästen dazu täglich Yoga- und Meditationsstunden an. Neben traditionellem Yoga ergänzen neuere Konzepte das Angebot wie Bowspring, das den Schwerpunkt auf die Faszienarbeit legt. Wenn man während der Übungen lediglich das sanfte Zwitschern der Vögel aus dem Garten hört, spürt man förmlich, wie sich die inneren Batterien langsam wieder aufladen. Und schweift der Blick über das Tal, so erdet einen die sanfte Weite der Natur. Möglichst natürlich, also ökologisch, organisch, vegan und makrobiotisch, sind auch die regionalen Zutaten für das Essen im Energy House. Der kulinarische Kreis beginnt morgens mit hausgemachtem Brot und ungesüßter Marmelade und schließt sich abends im Restaurant mit hauseigenen Klassikern wie Thai-Couscous, Falafel oder Qinoa mit Sauerkraut und Thymian. Sitzt man später noch mit einer Tasse Tee draußen unter dem Sternenhimmel, denkt man sich, „weniger ist oftmals mehr".

↑ Im imposanten Yoga-Shala „The Dome" am Pool balanciert man die gewonnene Energie dann richtig aus.

IN UND UM BANYERES DE MARIOLA
Spanien

In Valencias und Alicantes Hinterland

Spaniens landschaftliche Vielfalt liegt einem hier wie in einem Bilderbuch vor Augen. Von den palmengesäumten Stränden am Mittelmeer bis zu den Hügeln der Sierra de Mariola, überall finden sich malerische Städtchen und einsame, oft waldreiche Landstriche, in deren Ruhe man die eigenen Batterien wieder aufladen kann.

Castillo de Banyeres (ca. 3 km)

Das Castillo de Banyeres liegt auf dem Tossal de l'Aguila – dem Adlerhügel – inmitten des nahen Banyeres de Mariola und kann am Wochenende besichtigt werden. Die Befestigungsanlage wurde im 12. Jahrhundert von den Almohaden errichtet, um den Ort im Nordosten des maurischen Andalusiens gegen die christlichen Truppen Aragoniens zu sichern, die im Rahmen der Reconquista nach Süden vorrückten. Das Castillo besteht noch heute aus einem massiven quadratischen Wehrturm von 17 m Höhe sowie zwei vorgelagerten asymmetrischen Mauerringen. Eine Zisterne sollte die Versorgung mit Trinkwasser im Belagerungsfall sicherstellen. 1248 kam es zu dieser Situation, und die Truppen von König Jaime I. nahmen schließlich das Castillo und den Ort ein.

Mühlen am Rio Vinalopó (ca. 4 km)

Der Rio Vinalopó trieb im Bereich von Banyeres de Mariola vom 18. bis zum 20. Jahrhundert Papiermühlen an und sorgte so dafür, dass der Ort durch die Papierherstellung zu bescheidenem Wohlstand kam. Seit dieses Gewerbe dem Wettbewerb nicht mehr standhalten konnte, verfallen die Mühlen langsam und dienen jetzt als malerisches Fotomotiv am Flussufer. Beginnend am südlichen Ortsrand von Banyeres de Mariola kann man auf der etwa 2 km langen Ruta de los Molinos zur

Mr T: „Schön, dass man direkt vom MasQi – The Energy House aus zu ausgedehnten Spaziergängen in den Naturpark starten kann."

Molí l'Ombria – der ältesten der Mühlen –, zur Molí Sol und zur Molí Pont laufen. Und wem der Sinn nach etwas mehr frischer Luft steht, wandert einfach den Rio Vinalopó weiter hinauf und erreicht nach wenigen Kilometern seine Quelle in der Sierra de Mariola.

Naturpark Sierra de Mariola (ca. 1 km)

Der seit 2002 bestehende Naturpark Sierra de Mariola beginnt unmittelbar östlich von Banyeres de Mariola und dem Hotel und erstreckt sich über ein Gebiet von ca. 17 mal 10 km. Mehrere der Berge aus Kalkstein erreichen Gipfelhöhen von über 1000 m, höchster Berg der Sierra de Mariola ist der Montcabrer mit 1389 m. Zahlreiche Wanderwege – darunter

to eat

Hier hängt der Himmel nicht voller Geigen, doch die Decke voller Blumen. Das Interieur des ca. 200 m vom Hafen entfernt gelegenen Restaurants El Portal in Alicante ist einen Besuch wert. Noch mehr erfreut des Gourmets Herz (und Gaumen) allerdings, was auf den Tellern und in den Gläsern gereicht wird. Ob Tapas, Fisch- oder Fleischgerichte – alles wird aus exzellenten Zutaten zusammengestellt, dazu gesellen sich je nach Geschmack hervorragende Drinks oder edle Weine aus dem gut sortierten Keller.

El Portal
Calle Bilbao, 2
www.elportaltaberna.es

der beliebte Fernwanderweg GR 7 von der französischen Grenze bis nach Andalusien – durchziehen den Naturpark mit seinen ausgedehnten Wäldern aus Kiefern, Eiben, Pinien und Steineichen. Wie das Klima ist auch die sonstige Flora und Fauna mediterran, Botanikfreunde erfreuen sich an den über 200 unterschiedlichen duftenden Heilpflanzen, die im Naturpark wachsen.

Cava Gran de Agres (ca. 15 km)

Eine wirtschafts- und kulturgeschichtliche Besonderheit entdeckt man nach gut 20 Minuten Fahrt nahe des Ortes Agres am Rande der Sierra de Mariola: die Cava Gran de Agres. Die künstliche Höhle stammt aus dem 19. Jahrhundert, aus einer Zeit also, in der es hier noch keine Elektrizität – geschweige denn elektrische Kühlschränke – gab. Im Winter wurde daher von Arbeitern der Schnee der Sierra zu dieser Höhle, die eigentlich ein rundes, mehrstöckig in den Boden reichendes Silo ist, gebracht und darin zu Eis verdichtet. Dieses wurde dann später in große Blöcke geschnitten, gut isoliert auf Esel verladen und nachts bis hinunter zur Mittelmeerküste nach Valencia und Alicante gebracht, wo es schließlich bis weit ins 20. Jahrhundert hinein verkauft wurde.

Alicante (ca. 40 km)

Eine Stunde dauert die landschaftlich schöne Fahrt vom Hotel ans Mittelmeer nach Alicante mit seinen gut 330 000 Einwohnern. Nordöstlich der großen Marina mit dem Casino erstreckt sich ein breiter beliebter Sandstrand. Landeinwärts beginnt jenseits der palmengesäumten Explanada de España mit ihren repräsentativen Hotels und Apartmenthäusern das moderne Stadtzentrum Alicantes. Etwas nach Norden erhebt sich die Konkathedrale San Nicolás de Bari im Herrera-Stil der spanischen Renaissance, und noch ein paar Schritte weiter erreicht man das pittoreske Altstadtviertel Barrio de la Santa Cruz. Ein schöner

↑ Das Castillo de Banyeres: Früher zur Abwehr der christlichen (Rück)-Eroberer erbaut, heute Hauptanziehungspunkt der Region für Touristen aller Religionsangehörigkeiten. Die unregelmäßig konstruierte Anlage ist direkt auf den Felsen gebaut. Doch trotz aller Wehrhaftigkeit erlag sie schließlich dem Ansturm der Truppen aus dem Norden.

↑ Das wellenförmige Fußbodenmosaik der Explanada de España in Alicante besteht aus mehr als sechseinhalb Millionen Einzelsteinchen; es wurde in den 1950er-Jahren gelegt. Die von vier Palmenreihen gesäumte Promenade ist eines der Wahrzeichen Alicantes.

Panoramablick über die ganze Szenerie belohnt für die kleine, im Sommer aber sicher schweißtreibende Mühe, vom Barrio noch weiter hinauf zum Castillo de Santa Bárbara in 166 m Höhe zu laufen.

FRANKREICH

↑ Man denkt an die nahen Loire-Schlösser, wenn man vor dem herrschaftlichen Hauptgebäude ankommt, und dank des exzellenten Service fühlt man sich als Gast sofort willkommen.

DOMAINE DE LA TORTINIÈRE

Veigné, Frankreich

Das Hotel Domaine de la Tortinière nahe Tours bietet höchsten Komfort in einem Schloss aus dem 19. Jahrhundert, das liebevoll renoviert und zu einer einzigartigen Destination umgestaltet wurde.

Hotelinfo:

Domaine de la
Tortinière
10 Route de Ballan
F-37250 Veigné
Tel.: +33 247343500
Mail: contact@
tortiniere.com
Web: www.tortiniere.
com

Ladeinfrastruktur:

1 Tesla DeC (nur Tesla)
1 Tesla DeC (alle EVs)

Eine knappe Viertelstunde südlich von Tours steht an einem sanften Hang ein schmuckes Landschloss, in dem heute das Hotel Domaine de la Tortinière untergebracht ist. Umgeben von einem 15 ha großen Park mit alten Libanonzedern und Redwood-Bäumen, ist das von den Gastgebern Xavier und Anne Olivereau in dritter Generation geführte Haus ein wahr gewordener Traum, in dem schon Präsident Georges Pompidou, Schriftstellerin Françoise Sagan oder die Schauspieler Audrey Hepburn und Gérard Depardieu genächtigt haben. Das Vier-Sterne-Hotel verfügt über 26 Zimmer und Suiten, die sich auf das eigentliche Schlösschen sowie den benachbarten Renaissancepavillon und die historische Remise verteilen. Die Ausstattung der tipptopp renovierten und klassisch eingerichteten Räume mit allen modernen Annehmlichkeiten macht den Aufenthalt im Domaine de la Tortinière zu einem entspannten Erlebnis – und zum perfekten Ausgangspunkt für Besuche der nahe gelegenen Loire-Schlösser.

Ein Feeling wie ein Schlossbesitzer

Auch in den kleineren – „Charme", „Prestige" und „Elegance" genannten – Räumen fühlt man sich sofort selbst wie ein Präsident, ein Schauspieler oder eben ein Schlossbesitzer, so liebevoll haben die Gastgeber sie ausgestattet. Und die Suiten bieten dann nochmals feineres Ambiente. Perfekt ist die Atmosphäre auch am großen Außenpool im parkähnlichen wunderschönen Garten unterhalb des Schlosses oder im Restaurant, das in der Orangerie mit Blick über den Park untergebracht ist. Die Chefköche Jean-Baptiste Drey-Blum und Damien Piochon bieten hier zweierlei Arten von Gerichten an: einfache wohlschmeckende Bistro-Küche sowie ausgefeilte kulinarische Kreationen, für die sie regionale Zutaten aus der Touraine wie den bekannten Ziegenkäse verwenden und zu denen der Sommelier des Hauses die passenden Weine empfiehlt. Ausklingen lassen kann man einen Tag im Domaine de la Tortinière dann bei einem Glas Cognac oder Armagnac in der gemütlichen Bar mit offenem Kamin und Billardtisch.

> *Mrs T: „Mein Lieblingsplatz ist die Schaukel im schönen Schlosspark mit perfektem Blick auf den einladenden Pool und über das Tal der Indre."*

↑ Stuck an den Wänden, wunderschöne Parkettböden, die typischen zimmerhohen Fenster – so fühlt sich der Gast wie ein Schlossherr.

IN UND UM VEIGNÉ
Frankreich

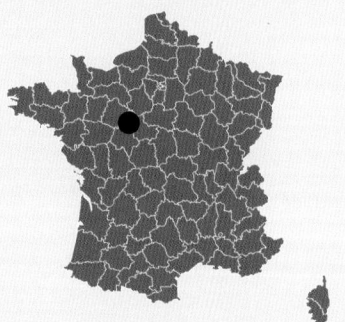

Im Herzen Frankreichs

Die Loire, die im großen Bogen aus dem Zentralmassiv erst nach Norden, dann nach Westen fließt, ist die Hauptschlagader dieser Region südwestlich von Paris. Hier reihen sich die berühmten Schlösser aneinander, hier finden sich historisch bedeutende Städte und weite Flächen fruchtbaren Landes.

Tours (ca. 15 km)

Etwa 20 Minuten nach Norden liegt an der Loire die Großstadt Tours. Ihr Name verweist auf die keltischen Turonen, die hier vor den Römern siedelten. Im Frühmittelalter war die Stadt fränkisch geprägt, dem Franken Karl Martell gelang 732 in der Schlacht von Tours und Poitiers der entscheidende Sieg über die Mauren. Auch in den folgenden 1000 Jahren war die Stadt immer wieder umkämpft oder diente als Ausgangspunkt für militärische Aktionen – seien es nordische Wikinger, anglofranzösische Herrscher, französische Katholiken oder protestantische Hugenotten und nach 1789 schließlich Revolutionäre. Im Stadtzentrum sehenswert sind die Kathedrale Saint-Gatien mit den gotischen Turmsockeln, auf denen Turmspitzen aus der Renaissance sitzen, oder das Erzbischöfliche Palais, Sitz des Museums der Schönen Künste.

Schloss und Gärten Villandry (ca. 30 km)

Von Veigné nach Nordwesten fahrend, erreicht man nach ca. einer halben Stunde eines der vielen Schlösser, für die diese Region an der Loire berühmt ist: das Renaissanceschloss Villandry. Neben dem beeindruckenden Château selbst sind es aber vor allem die Gärten, die Villandry zu etwas Besonderem machen. Die ganze Anlage ist auf drei Niveaus verteilt. In der höchstgelegenen Ebene befinden sich

Mr T: „Den Abend mit einem exzellenten Menü auf der Terrasse unter freiem Himmel genießen und sich wie Gott in Frankreich fühlen..."

die Terrassenanlagen direkt am Schloss, der Sonnengarten und der Wassergarten, dessen Wasser über Gräben überall in dem Gelände verfügbar gemacht wird. In der mittleren Ebene liegen die Ziergärten, die so schöne Namen wie „Garten der Liebe" oder „Musikgarten" tragen. Am tiefsten angelegt ist der Küchengarten, der früher der Versorgung der Schlossbewohner gewidmet war.

Château de Chenonceau (ca. 30 km)

Vom Hotel zum Château de Chenonceau, einem der schönsten Loire-Schlösser, sind es gut 20 Minuten zu fahren. Die Anlage am Loire-Nebenfluss Cher besteht aus drei Gebäudeteilen – der Tour des Marques, dem

to celebrate

Jedes Jahr kreieren etwa 30 Landschaftskünstler aus aller Welt in den Parks von Schloss Chaumont-sur-Loire zeitgenössische Gärten zu je einem bestimmten Thema. Die „Kunstwerke" entwickeln sich während der sechs Monate von April bis November, in denen sie ausgestellt sind. Die Regeln besagen, dass der Garten im Herbst am schönsten sein soll. Der Besucher wandert auf den Wegen des Parks in einer Art Open-Air-Museum für zeitgenössische Landschaftskunst.

Festival International des Jardins Chaumont-sur-Loire www.domaine-chaumont.fr April–November

Logis und der Galerie – sowie zwei Gartenanlagen. Die Tour des Marques ist der Rest einer mittelalterlichen Burg auf einer künstlichen Insel am Nordufer des Cher. Das Logis – das eigentliche Schloss – stammt von 1515 bis 1522 und wurde einige Meter weiter südlich im Fluss auf den Fundamenten einer Mühle errichtet. Daran schloss bis 1559 eine Brücke an, die Diane de Poitiers, die Mätresse Heinrichs II., ebenso in Auftrag gab wie den Renaissancegarten im Osten. Nach dem Tod des Königs vertrieb seine Witwe Katharina de Medici die Rivalin vom Schloss und ließ ihrerseits ab 1563 im Westen einen Renaissancegarten anlegen und schließlich 1570 bis 1576 die Brücke mit einer Galerie überbauen.

Maison Musée René Descartes (ca. 40 km)

In einer halben Stunde Fahrt nach Süden gut erreichbar, liegt am Fluss Creuse die Kleinstadt Descartes. Seit 1967 trägt sie den Namen des 1596 im damaligen La Haye en Touraine geborenen Philosophen und Mathematikers René Descartes. In seinem Geburtshaus ist seit 1974 ein kleines Museum untergebracht, das von Anfang April bis Ende Oktober geöffnet hat. Die Ausstellung bettet das Leben und Werk eines der ersten bedeutenden Philosophen der Neuzeit in den historischen und kulturellen Kontext der Renaissance ein und zeigt zahlreiche Originalschriften und -drucke.

Schloss und Salle d'exposition les Halles Azay-le-Rideau (ca. 25 km)

Das knapp 20 Minuten vom Hotel nach Westen gelegene Azay-le-Rideau ist vor allem wegen der Besichtigung seines wunderschönen Wasserschlosses aus der Renaissance ein lohnenswertes Ziel. Nur wenige 100 m davon entfernt verbirgt sich ein weiteres Kleinod: die Salle d'exposition les Halles. In der nur 170 m² großen Kunsthalle werden seit der Renovierung 2017 kleine, aber feine Ausstellungen von nationalem Rang präsentiert. So gab

↑ In der Altstadt von Tours finden sich viele alte Gebäude, teilweise aus dem 16. Jahrhundert. Die Place Plumerau wurde 2014 zum schönsten Platz Frankreichs, um einen Apéro zu genießen, gekürt. Diesem Etikett kann man durchaus zustimmen.

↑ Wo sich früher eine mittelalterliche Burg befand, entstand in der Renaissance eines der schönsten Loire-Wasserschlösser, das Château d'Azay-le-Rideau. Dem eleganten Äußeren entspricht im Inneren das prunkvolle Treppenhaus aus der Entstehungszeit des Schlosses.

es seither etwa bereits eine Retrospektive zu Salvador Dalí, eine Einzelausstellung zu „Les Shadoks", einem französischen Zeichentrickklassiker, oder eine Gemeinschaftsausstellung von Malern, Bildhauern und Fotografen rund um das Thema „Nacht".

HÔTEL LES HARAS
Straßburg, Frankreich

Das Hôtel Les Haras im elsässischen Straßburg nutzt die Räume eines früheren Pferdegestüts samt ehemaligem Reithof, die so zu einer kleinen Oase der Ruhe inmitten der Stadt geworden sind.

Etwas südlich der Straßburger Altstadt sind das Hôtel Les Haras und die gleichnamige Brasserie im Gebäude eines ehemaligen Pferdegestüts untergebracht. Kein Wunder, dass sich das Thema „Pferde" überall im Haus wiederfindet: auf dem Logo, in Form von Holzpferden, als kunstvoll gestaltete Wand mit Pferden, ja sogar als großes Schaukelpferd an der Rezeption. Aber auch die Innenarchitektur und Einrichtung des Les Haras ist entsprechend gestaltet. In den Zimmern findet man Holzböden und Beschläge aus Leder, auch sonst kommen viel Holz und natürliche Materialien zum Einsatz, was sie sehr gemütlich macht – ein perfekter Rückzugsort inmitten

Mr T: „Das Hotel im früheren Pferdegestüt verfügt sogar über einen Wagenmeister, der den Tesla gerne zum ,Stallplatz' am Destination Charger führt."

der Stadt. Doch die schönste Location wäre nichts ohne zuvorkommenden Service. Auch hier kann das Les Haras punkten: Von der Rezeption, die die Gäste mit Insidertipps versorgt, bis hin zur hauseigenen Brasserie, in der Sternekoch Marc Haeberlin das Zepter schwingt. Egal für welches Gericht des Maestros man sich entscheidet, die aufmerksamen Kellner „zaubern aus der Hinterhand" den dazu passenden Wein an den Tisch der Gäste.

↑ Daran, dass der Hotel-Innenhof früher ein Reitplatz war, erinnert die Bronzefigur eines Pferdes in seiner Mitte.

IN UND UM STRASSBURG
Frankreich

Frankreich, Deutschland, Europa!

Schlägt in Straßburg das Herz Europas? Vielleicht – immerhin tagt hier das Europäische Parlament, die demokratische Herzkammer der EU. Und auch die Geschichte, in der die Stadt mal zum früheren Deutschen Reich, mal zu Frankreich gehörte, prägt den Geist der Toleranz und Völkerverständigung, der hier herrscht.

Straßburger Münster (ca. 1 km)

„Ein ganzer, großer Eindruck füllte meine Seele …", schrieb Goethe, als er das Straßburger Münster (siehe Bild) im Herzen der Altstadt Grande Île erstmals sah. Die ca. 15 Gehminuten vom Hotel entfernte Kirche entstand in den Jahren 1176 bis 1439 und vereint romanische Stilelemente im Ostteil des Gotteshauses mit gotischen im Westteil. Markantes Merkmal der Kathedrale aus rosa Vogesensandstein ist der 142 m hohe Turm an der Westfassade, der bis 1874 das höchste Gebäude der Welt war. Vom geplanten Südturm wurde nur der Bereich fertiggestellt, der zur Vollendung der Westfassade nötig war. Die dort eingelassene große Fensterrose gilt als eine der eindrucksvollsten in europäischen Kathedralen und lässt mildes Licht in das schlichte Mittelschiff fallen.

Straßburger Neustadt (ca. 3 km)

Das Neustadt genannte Stadtviertel liegt nordöstlich der Altstadt Grande Île und ergänzt diese seit 2017 als UNESCO-Welterbe. Es entstand 1871 bis 1914, als Straßburg nach dem Deutsch-Französischen Krieg die Hauptstadt des Reichslandes Elsass-Lothringen war und viele Deutsche zuzogen. Die Neustadt gilt heute mit ihren Boulevards, Plätzen und Parks als größtes geschlossenes Ensemble deutscher Gründerzeitarchitektur, auch wenn man sich städtebaulich sogar durch

Mrs T: „In der Brasserie lassen wir es uns schmecken und schweben kulinarisch im sprichwörtlichen siebten Himmel."

das von Baron Haussmann umgestaltete Paris inspirieren ließ. Zentrum war der Kaiserplatz mit dem Kaiserpalast – heute Place de la République und Palais du Rhine – sowie der Universität und dem Regionalparlament, zwischen denen die breite Kaiser-Wilhelm-Straße – heute Avenue de la Liberté – verlief.

↑ Beschaulich präsentiert sich die Straßburger Altstadt mit ihren Kanälen und zahlreichen Fachwerkhäusern.

KUBE SAINT-TROPEZ HOTEL

Gassin, Frankreich

An einer der wohl schönsten und mondänsten Ecken der Côte d'Azur gelegen, ist das Kube Saint-Tropez Hotel ein Ort, an dem sich Design-Liebhaber und E-Mobilisten ganz wie zu Hause fühlen.

Hotelinfo:

Kube Saint-Tropez
Hotel
319 Route du Littoral
F-83580 Gassin
Tel.: +33 494972000
Mail: kubehotel@
machefert.com
Web: www.kubehotel-
saint-tropez.com

Ladeinfrastruktur:

2 Tesla DeC (nur Tesla)
1 Tesla DeC (alle EVs)

Mrs T: „Der fantastische Blick auf die Bucht von Saint-Tropez und die Bar auf der Dachterrasse vermitteln ein gehobenes, mediterranes Lebensgefühl."

Das Fünf-Sterne-Resort Kube Saint-Tropez heißt nicht umsonst so, denn das Haus mit direktem Blick auf den Golf von Saint-Tropez ist tatsächlich kubisch angeordnet und eingerichtet. Die 43 Zimmer im Hauptgebäude sind extrem hell und super stylisch. Ein Kontrast dazu sind die dunkler gehaltenen Gänge sowie die 27 in warmen Holztönen gehaltenen Zimmer in den fünf kleinen Villen, die zum Kube gehören. Im schönen Garten mit den alten Pinienbäumen gibt es drei Pools, einer scheint direkt in den Golf von Saint-Tropez mit den vielen Jachten überzugehen. Dort kann man mit atemberaubender Sicht einige Bahnen ziehen oder auf einer der Sonnenliegen bei chilligem Loungesound relaxen. Snacks und Drinks bieten die Poolbar und die Bar auf der Dachterrasse. Die aufgenommenen Kalorien verbrennt man dann einfach beim Workout im Fitnessbereich. Das Herz der Tesla-Reisenden erfreut außerdem auch das große Angebot an E-Bikes, E-Scootern bis zu elektrischen Golfcarts. Dass es auch drei Destination Charger gibt, versteht sich da fast schon von selbst.

IN UND UM SAINT-TROPEZ
Frankreich

Zwischen Sonne, Kunst und High Society

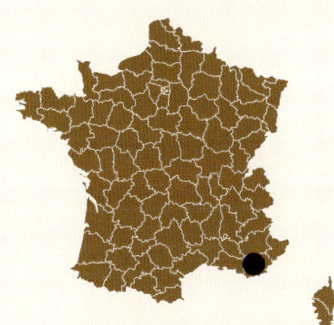

Mondän, Côte d'Azur, Saint-Tropez – was wie eine Steigerung klingt, zeigt eigentlich nur drei Aspekte eines hübschen Städtchens in wunderschöner Landschaft auf. Zwar gibt es hier die Jachten der Reichen, doch die Aura einer künstlerischen Vergangenheit färbt alles ein wenig nostalgisch und sehr sympathisch ein.

Hafen Saint-Tropez (ca. 2 km)

„Sehen und gesehen werden" heißt es seit den 1950er-Jahren am Hafen von Saint-Tropez (siehe Bild), als das Fischerdorf durch Roger Vadims Film „Und immer lockt das Weib" mit Brigitte Bardot schlagartig bekannt wurde. Vor allem in den Sommermonaten bilden die Millionäre auf ihren Jachten und die Müßiggänger in den Cafés an der Hafenpromenade eine ganz eigene Melange. Und damit man wirklich sagen kann, „das Leben ist manchmal wie ein Film", springt dazwischen noch ein Straßenkünstler in der Uniform des „Gendarm von Saint-Tropez" herum und macht seine Späße. Wer es etwas ruhiger haben möchte, muss einfach weiter zur Mole laufen, die den Hafen zum Golf hin abschließt. Dort gibt es sie noch, die Fischer mit ihren kleinen Booten, die sich wie 1955 einfach auf ihre Arbeit konzentrieren.

Plage de Pampelonne (ca. 8 km)

Zur Plage de Pampelonne fährt man vom Hotel aus über die hügelige Halbinsel, auf der Saint-Tropez liegt. Der 4,5 km lange Sandstrand zwischen dem Cap Pinet im Norden und dem Cap Camarat im Süden gilt als einer der schönsten an der Côte d'Azur, ein Teilabschnitt heißt sogar Plage Tahiti. Weite Bereiche, in denen die Badegäste auf ihren Strandtüchern liegen, wechseln sich ab mit angesagten Strandbars und Restaurants wie

Mr T: „E-Scooter sind eine prima Ergänzung zum Tesla. Die kleinen Flitzer sehen nicht nur cool aus, sie fahren sich auch richtig gut."

dem Moorea oder dem seit 1955 bestehenden Club 55, in dem schon Vadims Filmteam abhing. An der Plage de Pampelonne kann man alternativ Strandwanderungen unternehmen, einen Tauchkurs absolvieren oder ein durchsichtiges Kajak mieten, um einfach über das türkisfarbene Wasser zu rudern.

to eat

In einer Seitengasse der Altstadt von Saint-Tropez liegt das traditionsreiche Restaurant L'Auberge des Maures. Eröffnet 1931, stehen seither provenzalische Küche sowie Fisch und Meeresfrüchte auf der kleinen Karte, die auch ein fair bepreistes Drei-Gänge-Menü beinhaltet. Das Lokal lebt auch vom Flair der Vergangenheit, haben sich in sein Gästebuch doch Stars und Künstler wie David Niven und Pablo Picasso eingetragen und von der Küche begeistert gezeigt und hat Louis de Funès nach den Drehtagen zu den „Gendarmen-Filmen" das Rinderragout genossen.

L'Auberge des Maures
4 Rue Dr Boutin
www.aubergedes
maures.fr

IN UND UM BRÜGGE
Belgien

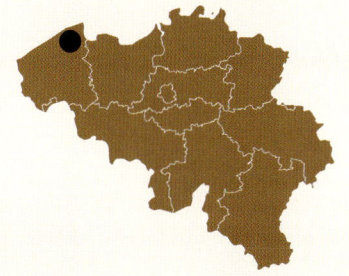

Reiche Vergangenheit und süße Gegenwart

Die alte Handelsstadt Brügge überstand die Zeiten unversehrt, und so präsentiert sich ein Stadtbild, das mit seinen Bürgerhäusern, ehrwürdigen Kirchen, den Kanälen und Plätzen wie eine Reise in frühere Zeiten anmutet. Schöne Geschäfte, Bars, Gasthäuser und die Liebe zur Schokolade versüßen aber auch die Gegenwart.

Grote Markt (ca. 1 km)

Der Grote Markt in der von Grachten umgebenen Altstadt ist der Mittelpunkt Brügges. Der Platz ist etwa 1 ha groß und wird auf der einen Seite vom Belfried abgeschlossen. Wer eine gute Kondition hat, kann die 366 Stufen des 83 m hohen – und leicht schiefen – Glockenturms aus dem 13. Jahrhundert erklimmen und wird dafür mit einem fantastischen Blick auf den Groten Markt und die Stadt belohnt. Unter den zahlreichen Bürgerhäusern, die die anderen Seiten des Platzes schmücken, ragt das neogotische Gerichtsgebäude mit seinen schlanken Türmchen hervor. Da der Grote Markt weitgehend autofrei ist, sind die Cafés, Bars und Restaurants bei Einheimischen wie Touristen sehr beliebt – und mit etwas Glück findet rund um die Doppelstatue zweier mittelalterlicher Lokalpatrioten auch noch ein kleines Fest statt.

Schokoladenmuseum (ca. 1 km)

Brügge besitzt eine lange Tradition der Schokoladenherstellung. Dies merkt man nicht nur an den zahlreichen Schokoladengeschäften in der Innenstadt, es gibt mit dem Choco-Story sogar ein Schokoladenmuseum. Darin erfährt man alles über die 5500 Jahre lange Entwicklung vom ursprünglichen Genuss des Kakaos als Getränk bis hin zur heutigen Schokolade in ihren zahllosen Formen und Varianten –

Mrs T: „Man fühlt sich wie im Märchen. Das hübsche Hotel hat etwas von einer luxuriös dekorierten Puppenstube – in realer Größe.“

ob bitter oder süß, als eckige Tafel oder runde Praline. Es gibt an die 1000 Exponate zu sehen, neben Geschirr z. B. Figuren aus Mittelamerika, wo Kakao bei den Mayas und Azteken als das „Getränk der Götter“ galt. Oder man schaut zu, wie vor Ort Pralinen live zubereitet werden.

to eat

In der Nähes des Hotels befindet sich das Gourmetrestaurant De Karmeliet. Inhaber und Chefkoch Geert van Hecke verwendet für seine Köstlichkeiten Zutaten wie lokal angebautes Gemüse und Fisch aus dem nahen Meer und wird seit 2006 dafür mit drei Michelin-Sternen ausgezeichnet. Den rechten Tropfen wählt man „einfach“ aus der Weinkarte aus, die hier ein mehrere Zentimeter starkes Weinbuch mit 600 Namen ist.

De Karmeliet
Langestraat 19
www.dekarmeliet.be

QO AMSTERDAM
Amsterdam, Niederlande

Das moderne QO Amsterdam ist ein wunderbares Hotel für einen energie-geladenen Aufenthalt in der Hauptstadt der Niederlande, das Design und Innovation gekonnt mit Nachhaltigkeit verbindet.

Hotelinfo:

QO Amsterdam
Amstelvlietstraat 4
NL-1096 GG
Amsterdam
Tel.: +31 202205650
Mail: hallo@qo-amsterdam.com
Web: www.qo-amsterdam.com

Ladeinfrastruktur:

2 Tesla DeC (nur Tesla)
10 Typ-2-Steckdosen
(alle EVs)
(eigenes Ladekabel
wird benötigt)

Mrs T: „Obwohl das QO sehr groß ist, hatten wir zu keiner Zeit ein Gefühl von Anonymität. Es ist ein Vorzeigehotel, auch in in Sachen Nachhaltigkeit."

Was da im Amsterdamer Stadtteil Omval südlich der Altstadt steht, sieht außen aus wie ein Bürogebäude im International Style des 20. Jahrhunderts, ist innen aber ein innovatives Stadthotel für jetzt und heute: das QO Amsterdam. Die modernen, individuell wirkenden Zimmer mit bodentiefen Fenstern und Blick auf die Stadt beeindrucken. Dies gilt für das ganze Haus, dessen Konzept Energie in all ihren Facetten umfasst und das ganz auf Nachhaltigkeit setzt: So wird etwa im Sommer die Temperatur der Zimmer über automatische Jalousien niedrig gehalten und überschüssige Wärme in einen Aquifer-Wärmespeicher in 70 m Tiefe gepumpt, von wo man sie dann im Winter zum Heizen wieder heraufholt. Ein Gewächshaus auf dem Dach liefert frisches Gemüse für die Hotelküche und spendet zugleich Schatten für die darunterliegende Bar. In der Küche wird darauf geachtet, dass kein Foodwaste anfällt – selbst das Frühstück wird nur auf Bestellung und mit lokalen Öko-Produkten zubereitet. Und mit dem QO-Leihfahrrad erkundet man dann emissionslos die Sehenswürdigkeiten der Stadt.

IN UND UM AMSTERDAM
Niederlande

Zwischen Grachten, Kunst und Coffee

In Amsterdam muss man die Menschen lieben – denn es gibt hier zu allen Jahreszeiten einfach sehr viele davon. Doch die lebensfrohe Atmosphäre, die Leichtigkeit im Umgang, die hier gepflegt wird, macht einem das auch leicht. So schlendert man (nie allein) von Gracht zu Museum und besucht – aus reiner Neugier – auch einmal einen der berühmten Coffeeshops.

Rijksmuseum (ca. 5 km)

Das Rijksmuseum ist das größte Gebäude am zentralen Museumsplein – Amsterdams Museumsplatz – und ein niederländisches Nationalmuseum. Die Sammlungen umfassen Artefakte zur niederländischen Geschichte sowie Kolonialgeschichte, daneben asiatische Kunst. Am bekanntesten ist das Rijksmuseum allerdings für seinen großen Bestand von über 2000 Gemälden aus dem „Goldenen Zeitalter" des Landes, dem 17. Jahrhundert. Rembrandts „Die Nachtwache" hängt hier ebenso wie Jan Vermeers „Dienstmagd mit Milchkrug", „Landschaft mit Wasserfall" von Jacob van Ruisdael oder Frans Hals' „Der fröhliche Trinker". Die Forschungsbibliothek des Museums gilt mit über 160 000 Titeln als größte zur Kunstgeschichte der Niederlande.

Grachtenviertel (ca. 5 km)

Die Negen Straatjes (Neun Straßen) sind in der Mitte des schönen Grachtengürtels versteckt: Neun enge Straßen, vollgepackt mit individuellen netten kleinen Geschäften und Cafés. Hier sind nicht die großen Ladenketten die Platzhirsche, sondern es reihen sich Secondhand- und Plattenläden sowie Schmuck-, Kunst-, Schuh-, Taschen- und Kosmetikgeschäfte aneinander. Die Besitzer präsentieren immer ein individuelles Warenangebot – so hat jedes Geschäft seinen ganz

Mr T: „Die konsequente Energieeffizienz und die perfekte Integration des Elements Energie passen genau zum Thema Elektroauto."

eigenen Stil. Daneben finden sich jede Menge Restaurants, Cafés oder Teestuben, in denen man sich nach dem Ablaufen der ersten vier Straßen für den Besuch der nächsten fünf stärken kann. Wer vom vielen Schaufensterbetrachten den Durchblick verliert, kann im Brillenmuseum wieder für klare Sicht sorgen.

to celebrate

Zehn Tage lang feiert Amsterdam das Grachtenfestival, das jährlich im August stattfindet und seinen Gästen ein breites Konzertangebot von Klassik, Jazz und Musik aus anderen Kulturen macht. Die ganze Stadt Amsterdam dient als Festivalspielort mit mehr als 250 Konzerten an 90 verschiedenen Orten.

Grachtenfestival
www.grachtenfestival.nl

↑ Das unverwechselbare „Straßenbild" Amsterdams mit den Grachten und vielen Fahrrädern.

ITALIEN

↑ Hochwertige, natürliche Materialien wurden bei der Gestaltung aller Gebäude und des Gartens verwendet, so fügt sich alles harmonisch in die toskanische Landschaft ein.

ADLER SPA RESORT THERMAE

Bagno Vignoni, Italien

Das ADLER Spa Resort THERMAE bietet dank seiner einzigartigen Lage im Val d'Orcia südlich von Siena in Verbindung mit der 2000 Jahre alten Wellnesstradition der Region Entspannung pur.

Hotelinfo:

ADLER Spa Resort THERMAE
Strada di Bagno Vignoni 1
I-53027 San Quirico
Tel.: +39 0577889000
Mail: info@adler-thermae.com
Web: www.adler-thermae.com

Ladeinfrastruktur:

1 Tesla DeC (nur Tesla)
3 andere DeC (alle EVs)

Travertinstein ist ein Baumaterial, aus dem in der Toskana und ganz Italien über die Jahrhunderte viele Villen, Paläste und Kirchen errichtet wurden – doch nur wenige Gebäude dürften wie das ADLER Spa Resort THERMAE in einem alten Travertinsteinbruch errichtet worden sein. Ein besonderer Platz also für Gäste, die zurück zur Natur – und zu sich selbst – finden wollen. Dies erleichtert auch die Architektur des terrakottafarbenen Gebäudes im Stil einer toskanischen Villa mit Seitenflügeln: Panoramafenster holen an vielen Stellen den Zauber des öfter als Filmkulisse dienenden Val d'Orcia draußen quasi ins Haus – den Himmel darüber eingeschlossen, lässt sich doch das Dach über dem wie eine rechteckige Piazza anmutenden Restaurant zurückfahren. Travertin, warme Holztöne und klare Linien prägen die Einrichtung der gemeinsam genutzten Räume wie auch der 90 Superior und Family Suiten.

Wellnesstradition und Weinkultur

Der große Garten mit dem Thermalbereich kann auf etwa 2000 Jahre Wellnesstradition im Val d'Orcia verweisen – war doch die heiße Quelle nebenan in Bagno Vignoni bereits bei Etruskern und Römern zur Behandlung von Haut- und Gelenkbeschwerden beliebt. Heute fließt ein Teil ihres Wassers in die Becken des Hotels. Auf die Etrusker geht auch das „Salino" des ADLER Spa Resort THERMAE zurück – ein Sole-Dampfbad. Fitnessgeräte, Bio-Sauna, finnische Sauna, ein Kräuter-Caldarium und ein Dampfbad in der Philosophengrotte komplettieren das großzügige Wellnessangebot. Zum Wohlbefinden gehört auch eine exquisite Küche samt herausragender Weinkultur. Küchenchef Gaetano Vaccaro sorgt seit 15 Jahren für toskanisch-mediterrane Köstlichkeiten, für die er auf regionale Produkte wie Olivenöl und Kräuter aus hoteleigenem Anbau oder Fleisch von lokalen Chianina-Rindern zurückgreift. Neben passenden Weinen aus dem großen Weinkeller gibt es dazu auch immer häufiger gute Tropfen vom benachbarten, seit 2009 betriebenen Bio-Weingut Tenuta Sanoner.

> Mrs T: „Für Wellness und Erholung ist das ADLER Spa einfach eine der allerersten Adressen – man fühlt sich in kürzester Zeit wie neugeboren."

↑ Auch der Tesla wirft einen Blick auf die Hügellandschaft der Toskana – allerdings in der Garage in Form einer Fototapete.

↑ Die Pool- und Wellnesslandschaft des Resorts lässt keinen Wunsch offen. Die großzügigen Wasserbecken folgen ebenfalls der Maxime natürlicher Gestaltung mit edlen Materialien.

Insight ADLER Spa Resort THERMAE

Im ADLER Spa Resort THERMAE steht Entspannung im Vordergrund. Die Angebote rund um Wellness, Spa und medizinische Anwendungen sind vielfältig. Dazu gehören Ayurveda-Behandlungen und -Analysen, die von Fachleuten durchgeführt werden. Mrs T konsultiert den ayurvedischen Arzt, um eine Pulsanamnese durchführen zu lassen. Der Fachmann erkennt, dass die Luft-Energie etwas aus dem Gleichgewicht geraten ist, und schlägt Spaziergänge, Wärme und eine sanfte Ölmassage als Therapie vor. Auch Mr T genießt derweil eine Massage und hält sich im Fitnessstudio und mit Schwimmen in der fantastischen Poolanlage des Hotels auf Trab.

Ob Abendessen im Hof oder die lässige Eleganz traditioneller Gutshöfe – die toskanische Lebensart schlägt sich sofort im ↑ Wohlbefinden der Gäste nieder.

IN UND UM BAGNO VIGNONI
Italien

Toskanische Stadt- und Landschaftsträume

Seit Jahrhunderten ist die Toskana ein Sehnsuchtsort der Mitteleuropäer. Kein Wunder, wo sonst finden wunderschöne Landschaften, mediterranes Klima, eine gesunde, schmackhafte Küche, großartige Architekturdenkmäler und ein solcher Kunstreichtum zueinander?

Pienza (ca. 15 km)

Das ca. 15 km entfernt liegende Pienza gilt als weltweit erste humanistische Idealstadt. Papst Pius II., der 1405 in dem damals Corsignano genannten Ort als Aenaeas Silvius Piccolomini zur Welt kam, ließ seine Geburtsstadt nach sich umbenennen und ab 1459 umgestalten: Von allen Seiten führen Straßen auf die Piazza Comunale, an der sich vier Hauptbauten erheben. Neben dem Palazzo Pubblico, dem Rathaus, und dem Palazzo Vescovile, in dem der spätere Papst Alexander VI. aus der Familie Borgia wohnte, sind dies der dreischiffige Dom sowie der Palazzo Piccolomini, Wohnhaus der Familie von Pius II. Pienza ist so typisch für die Renaissance in Italien, dass Franco Zeffirelli 1968 die Piazza und den Palazzo Piccolomini als Kulisse für *Romeo und Julia* nutzte und die UNESCO 1996 die Altstadt ins Welterbe aufnahm.

Val d'Orcia (ca. 1 km)

Wenn in der Toskana ein Tal gesucht würde, das „echt" ist, ohne sogleich ins Postkartenklischee abzurutschen, dann wäre dem Val d'Orcia einer der vorderen Plätze sicher. Die UNESCO jedenfalls hat das Tal, das in der Antike von der römischen Via Cassia und im Mittelalter von der Pilgerroute des Frankenwegs durchzogen und in der Renaissance von Malern aus Siena verewigt wurde, 2004 ins Welterbe aufgenommen. Heute lässt sich

Mr T: „Während unser Tesla nachlädt, können Mrs T und ich auf den Leih-E-Bikes eine Runde unter der Sonne der Toskana drehen."

die natürliche und kulturhistorische Schönheit des Val d'Orcia zu Fuß oder mit dem Fahrrad direkt vom Hotel aus erleben. Besonders schön sind die geführten Wanderungen, auf denen man auch zu einer Weinprobe einkehrt, oder einfach die Fahrt auf der von Zypressen gesäumten Panoramastraße. Ebenfalls lohnend ist der Besuch von Bagno Vignoni oder eine Fahrt auf den Spuren der kurenden Etrusker und Römer nach San Quirico d'Orcia.

Siena (ca. 50 km)

Eine Autostunde nördlich des Hotels liegt Siena. Die Altstadt der gut 53 000 Einwohner großen Stadt gilt als eine der schönsten

Italiens und ist seit 1995 UNESCO-Welterbe. Ihr Herz ist die große Piazza del Campo, die im frühen 14. Jahrhundert auf dem Areal eines antiken Amphitheaters errichtet wurde. An der Piazza liegt der gotische Palazzo Pubblico mit seinem 102 m hohen Turm. Ebenfalls aus dieser Bauepoche stammt der Dom, dessen Äußeres ganz in weißem und schwarzem Marmor ausgeführt ist. Im Inneren des Gotteshauses ist der romanische Ursprung noch erkennbar. Über die einzelnen Stadtviertel, die Contrade, verteilt, finden sich zahlreiche Palazzi, darunter auch der Palazzo Salimbeni, Sitz der 1472 gegründeten ältesten Bank der Welt – der Banca Monte dei Paschi di Siena.

Montalcino (ca. 18 km)

Montalcino ist ein mittelalterlich geprägtes Landstädtchen, knapp 30 Minuten vom Hotel entfernt. Weinkennern ist der Name aufgrund des Brunello di Montalcino ein Begriff, ein hervorragender Rotwein aus einer Variante der Sangiovese-Traube. Die kleine Stadt selbst war lange zwischen Florenz und Siena umkämpft. Davon zeugt noch heute die von Siena errichtete imposante Fortezza (Festung) aus dem 14. Jahrhundert, die die Stadtkulisse dominiert. Sehenswert sind auch der San Salvatore geweihte Dom mit der klassizistischen Fassade, der Palazzo dei Priori mit dem hoch aufragenden Turm am Hauptplatz – der Piazza del Popolo – sowie das kleine Kunstmuseum Museo Civico e Diocesano d'Arte Sacra.

Abtei Sant'Antimo (ca. 25 km)

In der hügeligen Landschaft einige Kilometer südlich von Montalcino erhebt sich die Abtei Sant'Antimo. Die Benediktinerabtei stammt aus dem 8. Jahrhundert und wurde – der Legende nach – auf Anregung Karls des Großen gegründet. Aus dieser Zeit stammt jedenfalls die „Karolingische Kapelle", die sich mit der gröberen Fassade von der sonstigen romanischen Anlage abhebt. Letztere entstand nach

↑ Mitunter geht es ruppig zu beim Pferderennen um den Campo in Siena. Der Zuschauer tut gut daran, das Spektakel in sicherer Entfernung hinter der Absperrung zu verfolgen. Die Reiter sitzen ohne Sattel auf ihren Pferden und brauchen ca. 100 Sekunden, um die Piazza dreimal zu umrunden.

↑ Die Piazza delle Sorgenti in Bagno Vignoni. Hier befindet sich statt einer großen freien Fläche ein Bassin mit Thermalwasser auf dem großen Platz.

einem Erdbeben ab 1118. Da der Einfluss des Klosters im 13. Jahrhundert sank, wurde die Kirche nie ganz fertiggestellt, das Kloster selbst 1462 aufgehoben. Erst seit 1979 leben wieder Mönche, nunmehr Prämonstratenser-Chorherren, in der Abtei.

CASTELLO DI POTENTINO
Seggiano, Italien

Das von einem britischen Geschwisterpaar betriebene Castello di Potentino ist ein „Familienschloss" in der Nähe von Montalcino, auf dem man ganz neue Erfahrungen machen kann.

Mr T: „Wir essen gemeinsam in der Küche: hausgemachte Speisen, Salat aus dem Garten. Und dazu: der eigene Wein – lecker!"

Warnung vor dem Hund!", prangt groß das Schild am Tor des Castello di Potentino, das auf einem Hügel im wilden Teil der südlichen Toskana liegt. Im Gegensatz zu ungebetenen Besuchern werden die Gäste des Schlosses von den Geschwistern Charlotte Horton und Alexander Greene – sowie ihren beiden Hunden – sehr herzlich begrüßt. Die Geschwister haben das Anwesen mit viel Geschmack restauriert und zu ihrem „Schloss des 21. Jahrhunderts" gemacht, in dem Vergangenheit und Gegenwart verschmelzen. So sind die acht Gästezimmer in den historischen Räumen mit ebensolchen Möbeln eingerichtet und mit alten Drucken und Stichen an den Wänden dekoriert. Besonders schön ist, dass man im Castello di Potentino am Leben der Gastgeber teilnehmen kann: So erfährt man beim gemeinsamen Essen neben Geschichten über das Schloss auch viel über das hauseigene Weingut und seine preisgekrönten Bio-Weine oder über die kleine Hutmanufaktur der Schlossherrin. Wem eher nach Ruhe ist, wandert durch den Schlosspark mit seinen Kunstwerken oder genießt den Privatpool.

IN UND UM SEGGIANO
Italien

Toskana einmal anders

In ihrem Süden wird die Toskana ruhiger, einsamer und fast noch schöner. Vor allem gilt es weniger, ein Besichtigungsprogramm abzuspulen, da hier die pure Landschaft im Vordergrund steht. Atemberaubende Blicke hat man von den Höhen über das fruchtbare und relativ waldreiche Land.

Um den Monte Amiata (ca. 20 km)

Der Monte Amiata ist mit einer Höhe von 1738 m der markanteste Gipfel im Südosten der Toskana. Seine regelmäßige Kegelform weist schon darauf hin, dass der Berg vulkanischen Ursprungs ist – der letzte Ausbruch liegt mit über 180 000 Jahren aber in beruhigend weiter Vergangenheit. Heute profitiert man noch von seinen heißen Quellen, z. B. in einem geothermischen Elektrizitätswerk in Piancastagnaio oder „hautnah" in den Thermalbädern von Bagni San Filippo. In dem kleinen Ort gibt es nicht nur das Bad mit angeschlossenem Kurhotel, man kann auf einem Spaziergang auch zum Balena Bianca, dem „Weißen Wal", gelangen – so nennen die Einheimischen eine große Kalksteinablagerung, die das warme Wasser auf dem Fels hinterlassen hat. Früher konnte man die Kalkterrassen erklettern und in den Becken baden, heute ist der Fels als Naturdenkmal geschützt.

Pitigliano (ca. 60 km)

Vulkanismus prägte die Landschaft dieser Region – nicht nur in Form von erloschenen Vulkanen, sondern auch mit den zahlreichen Tuffsteinplateaus, die wie Quader aus der Landschaft herausstehen. Gern wurde darauf gesiedelt, denn so erhoben waren Städte leicht vor militärischen Angriffen zu schützen. Das berühmte Orvieto im nahen Umbrien ist so

Mrs T: „Am schönen Hotelpool warten Stühle und Sonnenliegen, die speziell für das Castello di Potentino entworfen wurden."

entstanden, und ebenso malerisch liegt das Kleinod Pitigliano wie auf die hohen Felsen geklebt über den umgebenden Tälern. Bezaubernde kleine Gässchen durchziehen das vollständig mittelalterlich erhaltene Stadtbild, und immer wieder eröffnet sich der Blick vom Rand des kleinen Ortskerns weit übers Land.

to celebrate

Über das Jahr verteilt veranstaltet das Castello di Potentino eine Reihe von Konzerten mit namhaften Künstlern und Live-Veranstaltungen im zauberhaften intimen Innenhof des Castello sowie eine kleine Anzahl von Ausstellungen in der Galerie. Hinzu kommen Angebote für Kurse wie z. B. Malkurse.

Castello di Potentino
www.potentino.com/
pages/concerts#feature-
concerts

↑ Sicher gibt es viel zu sehen in der Toskana, aber wer in der Fattoria San Martino nächtigt, wird gerne auch einfach mal ein paar Tage vor Ort bleiben, abschalten und den Blick übers weite Land genießen.

FATTORIA SAN MARTINO
Montepulciano, Italien

Die familiär geführte Fattoria San Martino ist eine nachhaltig renovierte Villa mit wunderschönem Garten in der südlichen Toskana, in der man als Gast Inspiration und Entschleunigung erleben kann.

Hotelinfo:

Fattoria San Martino
Via di Martiena, 3
I-53045 Montepulciano
SI
Tel.: +39 0578 717463
Mail: info@
fattoriasanmartino.it
Web: www.
fattoriasanmartino.it

Ladeinfrastruktur:

2 Tesla DeC (nur Tesla)
1 Tesla DeC (alle EVs)

Nahe der traditionsreichen Weinbaustadt Montepulciano liegt ein Bed & Breakfast der besonderen Art, die Fattoria San Martino. Karin Lijftogt und Antonio Giorgini, die Gastgeber, haben die Enge und den Lärm der Großstadt Mailand vor Jahren mit der Weite und der Ruhe der südlichen Toskana getauscht und eine alte Villa mit Garten auf einem Hügel liebevoll zu einem kleinen Slowlife Hideaway umgebaut. Daher gibt es auch lediglich drei Suiten, eine Junior Suite sowie eine Family Suite, deren Namen ebenso liebevoll klingen: „Mark", „Flores", „Miran", „Sophia" und „Casetta". Den Gastgebern ist es wichtig, kein „normales" Hotel zu sein, sondern alle Gäste wie gute Freunde der Familie wertschätzen und betreuen zu können, damit sich diese nachhaltig erholen können. So gibt es etwa in den von Karin, die Designerin war, individuell eingerichteten Suiten ganz bewusst keine Fernseher, dafür aber eigens entworfene Kunstwerke oder Details wie Kissen mit der Aufschrift „Today is a good day".

Mrs T: „Die Fattoria kann man kaum beschreiben – man muss die Mischung aus Herzlichkeit, Kreativität und Sinnhaftigkeit eigentlich selbst erleben."

Nachhaltigkeit wird großgeschrieben

Eine besondere Mischung aus Luxus und Nachhaltigkeit weit ab vom Massentourismus prägt die Fattoria San Martino konsequent. So achtete der handwerklich versierte Antonio darauf, dass bei der Renovierung der alten Villa nur natürliche Materialien verwendet wurden. Und zwischen alten Olivenbäumen stehen neue Solarpanels unter dem Himmel der Toskana, die Strom für die Fattoria selbst sowie für die drei Tesla Destination Charger erzeugen, die elegant am kleinen Parkplatz integriert sind. Viele der Möbel im Haus wurden von Karin restauriert. Liebevoll aufgearbeitete Möbelstücke schmücken auch das kleine Restaurant der Fattoria San Martino, in dem die Gastgeberin zwei- bis dreimal pro Woche am Abend für ihre Gäste kocht. Für die leckeren vegetarischen Kompositionen verwendet sie neben selbst angebauten Zutaten manchmal sogar Blumen aus dem Garten. Und auch die zum Essen gereichten charakterstarken Weine stammen aus der direkten Nachbarschaft.

↑ Die geräumigen Suiten in der Fattoria sind freundlich und alle individuell eingerichtet.

IN UND UM MONTEPULCIANO
Italien

Im Herzen der toskanischen Hügel

Die „eigentliche" Toskana liegt abseits der Städte Pisa, Lucca und Florenz mit all ihrer Pracht und den unüberschaubaren Kunstschätzen. Hier, in der Region um Siena und Montepulciano, finden sich die weinbewachsenen Hügel, zypressengezierten Landstraßen und sanften gelben Felder, die uns als Toskana stets vor Augen stehen.

Montepulciano (ca. 3 km)

Auf einem Hügel 15 Minuten zu Fuß von der Fattoria entfernt, erhebt sich Montepulciano, das auf eine etruskische Siedlung im 8. Jahrhundert v. Chr. zurückgeht und im Zweiten Weltkrieg nur knapp der Zerstörung entging. An der imposanten Piazza Grande in der Altstadt liegen der Palazzo Comunale aus der Renaissance, von dessen Turm aus man eine schöne Sicht über das Umland hat, sowie der aus der gleichen Epoche stammende Dom mit dem schlichten Glockenturm, in dessen Inneren ein großes Triptychon den Altar überragt. Ebenfalls auf der Piazza Grande findet man den Pozzo dei Grifi e dei Leoni – den Greif- und Löwenbrunnen. Einige Gassen weiter wähnt man sich fast in einer Aufführung der Commedia dell'Arte: Auf der Torre di Pulcinella an der Piazza Michelozzo schlägt eine überlebensgroße mechanische Figur des Kaspers des italienischen Volkstheaters die volle Stunde.

Fahrt in den Süden (ca. 75 km)

Nichts ist schöner, als einfach durch die herrliche toskanische Landschaft zu fahren, insbesondere, wenn man mit einem E-Auto die Anwohner weder mit Lärm noch mit unnötigen Abgasen belastet. Richtung Pitigliano geht es in die etwas ruhigere Südtoskana. Man passiert landschaftlich reizvoll gelegene kleine Städtchen, immer wieder lohnen sich Abstecher – z. B. zur Abbazia San Salva-

Mr T: „Beim Frühstückscappuccino auf der Terrasse den Blick über die Hügel der Toskana schweifen lassen ist ganz großes Kino!"

tore auf etwa halbem Weg. Überall geht der Blick zum sich sanft auf 1738 m aufschwingenden Monte Amiata, dessen gleichmäßige Kegelform auf seinen vulkanischen Ursprung hinweist. Schließlich erreicht man dann das bezaubernde mittelalterliche Städtchen Pitigliano, das sich pittoresk auf die Fläche eines Tuffsteinplateaus schmiegt. Wie im Süden üblich, herrscht hier mittags große Ruhe, zum Abend hin beleben sich dann die Gassen.

Lago di Montepulciano (ca. 15 km)

Der Lago di Montepulciano ist das Kernstück des gleichnamigen knapp 5 km² großen, 1996 eingerichteten Naturschutzgebiets. An der Grenze zur Nachbarprovinz Umbrien

to drink

Seit 2005 gibt es die Enoteca La Dolce Vita in einem Altstadthaus in Montepulciano. Ihr Sortiment umfasst etwa 600 verschiedene Weiß- und Rotweine aus allen Regionen Italiens, darunter auch den Spitzenwein der örtlichen Anbauregion, den roten „Vino Nobile di Montepulciano". Da die Enoteca zugleich ein kleines Restaurant ist, das täglich von 12 bis 21 Uhr geöffnet hat, kann man schön ein Glas zu Spezialitäten aus der Toskana testen. Und wer gleich eine Flasche bestellen möchte – sie kostet auch zum Essen nur den Preis wie im Ladenverkauf.

Enoteca La Dolce Vita Via di Voltaia Nel Corso, 80/82 www.enotecaladolce vita.it gelegen, ist der 1,9 km² große und im Schnitt 5 m tiefe See mit dem Fahrrad oder auch auf einer etwas längeren Wanderung gut zu erreichen. Das Besucherzentrum „La Cassetta" informiert über das für Zugvögel wichtige Areal und zeigt historische Exponate aus Fischerei und Landwirtschaft am Lago. Wer den dichten Schilfgürtel auch von der Seeseite her erleben möchte, kann dies – elektromobilgetreu – bei einer kleinen Tour mit dem solargetriebenen Elektroboot tun, das an der kleinen Mole ablegt.

Chianciano Terme (ca. 12 km)

Montepulcianos Nachbarstädtchen Chianciano Terme wenige Kilometer nach Süden besitzt nicht nur ebenfalls eine pittoreske Altstadt mit historischen Gebäuden wie der Kirche Collegiata di San Giovanni Battista oder dem Stadttor Porta del Sole, sondern ist auch ein Thermalkurort. Bereits die Etrusker und nach ihnen die Römer wussten eine Quelle zur Entspannung zu nutzen. Heute sind fünf Quellen für unterschiedliche Anwendungen erschlossen. Die modernen Thermalanlagen entstanden ab 1915 und wurden in den 1950er- und 1960er-Jahren weiter ausgebaut. Die Terme Sensoriali sind dabei mehr ein klassisches Wellnesszentrum, während die Piscine Termali Theia mehr auf den großen Außenpool setzen.

Torrita di Siena (ca. 11 km)

Das Nachbarstädtchen im Norden ist Torrita di Siena. 1037 erstmals urkundlich als Torrita erwähnt, gelangte der Ort ab dem 13. Jahrhundert immer mehr unter den Einfluss von Siena. Die Burg und die massive Stadtmauer mit Toren wie der Porta Gavina und der Porta a Pago dienten fortan zur Absicherung der Seneser Herrschaft, was bis 1554 auch gelang; dann allerdings fiel die Stadt an das inzwischen erstarkende Florenz. Doch neben dem Namen erinnert seit 1966 noch etwas anderes an die Zeit unter Siena: der Palio.

↑ Vom Turm des Palazzo Comunale an der Piazza Grande in Montepulciano öffnet sich der Blick nicht nur auf den schönen Platz mit Dom und Brunnen, sondern weithin über die leicht gewellten Hügel des Umlandes.

↑ Wie viele Städte in der Toskana thront auch Chianciano Terme auf einem Hügel mit weiter Sicht über das Land. Warme Quellen machten die Stadt schon in der Antike zu einem beliebten Bad – heute beherrschen Badespaß und Wellness die Thermalanlagen.

Auch in Torrita di Siena treten die Stadtbezirke im Rennen gegeneinander an – allerdings nur einmal pro Jahr in der zweiten Märzhälfte und statt auf Pferden auf Eseln, ist es doch der Palio dei Somari.

↑ Was für ein wunderschöner Blick! Den Naturpool im Rücken, die Toskana vor Augen, plant Mrs T genüsslich, was man in den nächsten Tagen tun wird.

IL PALUFFO TUSCAN VILLA

Certaldo/Florenz, Italien

In einer traumhaften Hügellage inmitten der südlichen Toskana gelegen, verbindet das inhabergeführte il Paluffo Tuscan Villa auf einzigartige Weise Geschichte und Nachhaltigkeit zu einem kleinen, aber feinen Urlaubsparadies.

Hotelinfo:

il Paluffo Tuscan Villa
Via Citerna, 144
I-50052 Certaldo FI
Tel.: +39 0571 664259
Mail:
info@paluffo.com
Web:
www.paluffo.com

Ladeinfrastruktur:

2 Tesla DeC (nur Tesla)
1 Tesla DeC (alle EVs)

Fast 600 Jahre ist das il Paluffo Tuscan Villa alt, zumindest stammt der älteste Teil – eine Olivenmühle – des unter Denkmalschutz stehenden Gebäudekomplexes aus dem Jahr 1427. Neuere Teile wie das Haupthaus sind aus dem 17. Jahrhundert. Umfassend und liebevoll renoviert, ist es nun oben auf einem sanften Hügel inmitten der Toskana ein kleines Bed & Breakfast mit gerade einmal vier Zimmern im Haupthaus sowie vier Apartments mit Küche in der Villa, das überall die Herzlichkeit der Gastgeberin Liana und ihres Mannes Luca atmet. Liana ist eine Nachfahrin der Familie Paluffi, nach der das Haus benannt ist. Umso wichtiger ist es dem Ehepaar daher, die Geschichte des Hauses lebendig zu halten. Zugleich schreiben sie Nachhaltigkeit groß und haben nicht nur die alte Steinmühle erhalten, in der früher Oliven gemahlen wurden, und eine riesige Tonwanne, in der die Trauben mit bloßen Füßen gepresst wurden, sondern sie produzieren heute auch selbst organisch Olivenöl und Wein.

Mrs T: „In der Hängematte am Pool zu liegen, in die Sonne zu blinzeln und den Duft des wilden Rosmarins zu riechen, ist einfach himmlisch."

Nachhaltiges Urlaubsparadies

Die Gastgeber achten sehr darauf, dass die CO_2-Bilanz des il Paluffo so günstig wie möglich ausfällt. Solarpanels für das Warmwasser und eine Wärmepumpe tragen ebenso dazu bei wie der Tesla vor dem Haus, mit dem sie emissionsfrei unterwegs sind. Als umweltbewusster Gast freut man sich da gleich noch mehr über das kleine Urlaubsparadies, in dem Luxus abseits der großen Bühne stattfindet: beim Aufenthalt in den mit Fresken geschmückten Zimmern im Haupthaus, beim Surfen mit den bereitgestellten iPads in den Zimmern, beim Bad im großen chemiefreien Naturpool, beim Entspannen in der puren Ruhe des von Weinbergen und Olivenbäumen umgebenen Gartens oder beim Blick über die nahen Hügel auf die Türme von San Gimignano in der Ferne. Da die Kulinarik jedem Italiener am Herzen liegt, geben Liana und Luca ihren Gästen gern Kochkurse für toskanische Küche – die Verkostung der eigenen Weine übernimmt Liana, ist sie doch auch ausgebildete Sommelière.

↑ Der gesamte Gebäudekomplex steht unter Denkmalschutz und strahlt Würde und eine Ruhe aus, die sich gleich auch auf die Gäste überträgt.

IN UND UM CERTALDO
Italien

Lebensfreude in der vielseitigen Toskana

Ob man über Land fährt und den Duft und die Schönheit der Toskana einfängt, ob man die mittelalterliche „Skyline" San Gimignanos bewundert, ob man durch Eichenwälder wandert oder in einem Straßencafé im mondänen Florenz die eleganten Italiener bewundert, überall wird man von der Lebensfreude der Region angesteckt.

Certaldo (ca. 12 km)

Certaldo heißt das Städtchen, zu dem das il Paluffo verwaltungsmäßig gehört und das man in 15 Autominuten erreicht. Von der Neustadt unten am Fluss und der Eisenbahn läuft man entweder den steilen Weg hinauf in die Altstadt Certaldo Alto oder nimmt die Funicolare, eine Art Zahnradbahn. Oben erwartet einen ein Gewirr von Gassen, pittoresken Häusern mit kleinen Cafés und Lokalen – und ein sagenhafter Ausblick über die Hügel der Toskana und auf die hier noch näheren Türme von San Gimignano. Dass man sich um Jahrhunderte zurückgereist fühlt, liegt auch am Palazzo Pretorio mit den zahlreichen Wappen an der Außenfassade und im Innenhof sowie an der Casa Boccaccio, dem Haus des Renaissanceschriftstellers und Verfassers der berühmten Novellensammlung „Decamerone".

Via Chiantigiana (ca. 30 km)

„Nomen est omen", sagten die alten Römer, die hier schon vor 2000 Jahren Weinbau betrieben. Via Chiantigiana sagen die heutigen Italiener mehr als passend zur Strada Regionale 222, die kurvenreich durch das Weinanbaugebiet Chianti führt. Die etwa 75 km lange Straße zwischen Florenz und Siena zählt zu den schönsten Routen der Toskana und verläuft etwa 30 km östlich des Hotels. Auf der Fahrt säumen zahlreiche Olivenhaine und Weinberge den Verlauf der Straße, die oft pit-

> *Mr T: „Hier trifft Geschichte auf Innovation – ein schönes Beispiel dafür, wie sich beides nachhaltig miteinander vereinen lässt!"*

toresk von Säulenzypressen begrenzt ist. Etwa auf halbem Weg erreicht man Winzerorte wie Greve in Chianti oder Panzano in Chianti, aus denen der weltberühmte Chianti Classico DOGC stammt. Da viele Weingüter Verkostungen samt kleinem Imbiss anbieten, nimmt man sich am besten einen ganzen Tag für die Via Chiantigiana Zeit.

San Gimignano (ca. 23 km)

Obwohl man die Türme von San Gimignano vom il Paluffo aus bereits sieht, dauert die Autofahrt dorthin über die Landstraße etwa eine halbe Stunde. Doch es lohnt sich: Das vollständig erhaltene mittelalterliche Kleinod steht auf der Liste des UNESCO-Welterbes

to eat

Nicht weit vom il Paluffo liegt einer der kulinarischen Lieblingsorte der Gastgeber Liana und Luca, die Osteria di Casa Chianti. Ausgezeichnete toskanische Küche nach alten Rezepten samt saisonalen Spezialitäten, leckerer Wein und ein sehr extrovertierter Besitzer warten hier auf die Gäste.

Osteria di Casa Chianti
Zwischen Fiano und Certaldo: Via delle Case Nuove 77 - Certaldo (FI)
www.osteriadicasa chianti.it

und ist wegen seiner Türme – genauer gesagt seiner Geschlechtertürme – einzigartig, mit deren Bau sich die lokalen Patriziergeschlechter seinerzeit zu übertrumpfen hofften. Wer schwindelfrei ist und sie über enge Treppen erklimmt, hat aus etwa 50 m Höhe einen fantastischen Blick auf die Häuser und den Dom von San Gimignano sowie die toskanischen Hügel. Wieder heil unten angekommen, schmeckt dann das Eis in der Gelateria Dondoli noch besser, als es sich für eine bereits mehrfach zur besten Eisdiele der Welt gekürte Institution sowieso gehört.

Riserva naturale Foresta di Berignone (ca. 55 km)

Ein idealer Ort zum Wandern ist die zwischen Volterra und Pomarance gelegene Riserva naturale Foresta di Berignone. Das Naturschutzgebiet umfasst 2000 ha, die zu einem großen Teil mit Eichenwäldern bestanden sind und einen Rückzugsort für zahlreiche Säugetiere – darunter auch Wildschweine und sogar Wölfe – sowie über 50 Vogelarten bilden. Verschiedene ausgeschilderte Wanderwege durchziehen die Gegend, Infotafeln am Wegesrand weisen auf Besonderheiten der Flora und Fauna hin. Die Ruinen der mittelalterlichen Burgen Vescovi und Luppiano sind hier ebenso zu finden wie einige Flüsschen, darunter auch der kristallklare Cecina, der in der Nähe von Masso delle Fanciulle im Sommer als „Freibad" genutzt wird.

Florenz (ca. 38 km)

Die Hauptstadt der Toskana ist eines der beliebtesten Reiseziele und vom il Paluffo gut zu erreichen. In der weitgehend autofreien historischen Innenstadt liegen nicht nur der berühmte Dom mit der imposanten, ziegelverkleideten Kuppel sowie die beeindruckende Kunstsammlung der Uffizien mit Botticellis „Die Geburt der Venus", hier steht auch Michelangelos berühmter „David" als Kopie im Freien sowie als Original im Museum. Und

↑ Das „Manhattan des Mittelalters" wird San Gimignano wegen der vielen hoch aufragenden Türme gern genannt. Vorteil heute: Von den teilweise für Besucher offenen Türmen aus hat man eine prachtvolle Sicht über Stadt und Land.

↑ Auch die atemberaubenden Landschaften der Toskana sind sehr variantenreich, wie hier in der Nähe von Volterra.

wo ließe es sich schöner durch Altstadtgassen flanieren, in einer der exklusiven Modeboutiquen shoppen, bei einem leckeren Cappuccino den Straßenkünstlern zusehen oder einen der Schmuck- oder Kunstläden auf dem Ponte Vecchio über dem Arno besuchen?

↑ Überaus fruchtbar ist das Piemonteser Hügelland mit seinen Feldern, Wiesen und Weinbergen.

MARCHESI ALFIERI
San Martino Alfieri, Italien

Das Marchesi Alfieri im Piemont ist ein großes Weingut mit historischem Schloss und einem weitläufigen Schlosspark, das liebevoll um ein gemütliches Bed & Breakfast erweitert wurde.

Hotelinfo:

Marchesi Alfieri
Piazza Alfieri, 28
I-14010 San Martino
Alfieri (AT)
Tel.: +39 0141 97 60 15
Mail: info@
marchesialfieri.it
Web: www.
marchesialfieri.it

Ladeinfrastruktur:

2 Tesla DeC (nur Tesla)
1 Tesla DeC (alle EVs)

Das Geschlecht der Alfieri aus dem nahen Asti bewohnte viele Jahre lang im Sommer das Schloss im Zentrum des Weinguts Marchesi Alfieri. Heute wird es von den drei Schwestern Emanuela, Antonella und Giovanna San Martino di San Germano genutzt, die auch das Gut bewirtschaften und es mit La Locanda um ein kleines Bed & Breakfast erweitert haben. Die Gästezimmer verteilen sich über mehrere Gebäude auf dem großen Anwesen und sind mit Antiquitäten aus dem Familienbesitz ausgestattet. Beim Frühstück achten die Gastgeberinnen darauf, dass hochwertige lokale Produkte angeboten werden, schließlich verpflichtet der seit 1696

Mr T: „Der Schlosspark ist ein kleiner Wald und Nährboden für ganz besondere Schätze: Zur Trüffelzeit darf hier nach den edlen Pilzen gesucht werden."

betriebene Weinbau auch sonst zu Qualität und Nachhaltigkeit. Was den Aufenthalt wirklich besonders macht: Als Gast erhält man den Schlüssel zum 1815 im englischen Stil angelegten Schlosspark und kann sich dort unter einer Libanonzeder oder Eiche seinen Picknickplatz aussuchen, einfach eine Flasche aus dem riesigen Weinkeller des Hauses öffnen und zusammen mit einem würzigen Käse und einem duftenden Brot schmecken lassen.

IN UND UM SAN MARTINO ALFIERI
Italien

Unterwegs in den Weinbergen des südlichen Piemonts

Dass es sich im Piemont gut leben lässt, wussten schon die Römer, und es fällt auch jedem Besucher auf, wenn er hier ein paar Tage verbringt. Am besten ist es, einfach durch die Hügel zu fahren und dort anzuhalten, wo es schön ist. So wird man – weil so vieles schön ist – nicht weit fahren, aber umso mehr entdecken.

Alba (ca. 20 km)

Wunderschön ist die Fahrt durch die Hügel in das Städtchen Alba, eine knappe halbe Stunde Fahrtzeit entfernt. Heute zählt der Ort etwas über 30 000 Einwohner, doch schon im Mittelalter war Alba von Bedeutung und als „Stadt der 100 Türme" bekannt, mit denen sich die wichtigsten Familien „in Szene" setzten und gegenseitig Konkurrenz machten. Es stehen nur noch wenige dieser Türme, doch das Gepräge einer reichen Stadt hat sich erhalten. So macht es einfach Spaß, durch die Gassen zu laufen und in den vielen Geschäften oder auf dem Wochenmarkt leckere Piemonteser Delikatessen zu erwerben – oder sie in einem der vielen Restaurants gleich zu verzehren. Dazu gehört dann auf jeden Fall ein „Langhe", ein Wein aus dem Anbaugebiet rund um Alba. Je nach Gericht gibt es ihn nämlich passend in Rot, Rosé oder Weiß.

Costigliole d'Asti und Rundfahrt
(ca. 10 km, insgesamt ca. 100 km)

Wenige Kilometer und ca. 15 Minuten Fahrtzeit entfernt, liegt der hübsche Ort Costigliole

d'Asti inmitten von Weinbergen. Bei gutem Wetter reicht der Blick von den Hügeln bis zur Alpenkette (siehe Bild). In der typischen Weinbaugemeinde laden ein paar Cafés und Restaurants zu einem Kaffee oder Imbiss ein, und natürlich bieten auch einige Winzer ih-

Mrs T: „Was hat die 300 Jahre alte Eiche im Schlosspark wohl alles erlebt? Wer wurde in ihrem kühlen Schatten schon alles geküsst?!"

re Produkte an, meist kann man den Tropfen vor dem Kauf auch noch probieren. Sehr schön ist die tagesfüllende Weiterfahrt mit ein paar Stopps über Neive nach Serravalle Langhe und dann über Monforte d'Alba, La Morra, Roddi, Guarene, Priocca zurück ins Castello dei Marchesi Alfieri.

RELAIS SAN MAURIZIO

Santo Stefano Belbo, Italien

In der fruchtbaren Region Piemont liegt das Relais San Maurizio auf einem sanften Hügel, unterhalb dessen sich passend zur Bedeutung des Wortes „Piemont" – „am Fuße des Berges" – zahlreiche Weinberge erstrecken.

Hotelinfo:

Relais San Maurizio
Località San Maurizio,
39
I-12058 Santo Stefano
Belbo (CN)
Tel.: +39 01 41 84 19 00
Mail: info@
relaissanmaurizio.it
Web: www.
relaissanmaurizio.it

Ladeinfrastruktur:

1 Tesla DeC (nur Tesla)
1 Tesla DeC (alle EVs)

Das elegante Hotel Relais San Maurizio befindet sich etwas südlich von Asti in den Gebäuden eines ehemaligen Klosters aus dem Jahr 1619, was auch im Logo des Hotels zur Geltung kommt. In den letzten Jahren wurde die weitläufige Anlage perfekt restauriert und präsentiert sich nun als Wellnessresort für Anspruchsvolle. Die Innenräume – an deren Decken man oft noch das alte Kloster erkennen kann – und die sehr exklusiven Zimmer besitzen einen hohen Wohlfühlfaktor. Dazu trägt natürlich auch der exklusive Spa-Bereich bei: Es gibt im Relais San Maurizio einen großen Indoor-Pool, Sauna und Dampfbad, ein Kneippbecken, mehrere Räume für

Beauty- und Massageanwendungen, eine Ruheterrasse und sogar eine Salzgrotte, die man sich nicht entgehen lassen sollte. Man floated für jeweils 20 Minuten in zwei Pools mit unterschiedlichen Salzen und fühlt sich dabei ganz leicht und wie neugeboren. Umgeben ist das Hotel von einem schönen, weitläufigen und kunstvoll angelegten Garten, zu dem wie einst bei den Mönchen ein Gemüse- und ein medizinischer Kräutergarten gehören.

> *Mr T: „Hier kann man ganz leicht mit allen Sinnen genießen – Erholung auf höchstem Niveau."*

IN UND UM SANTO STEFANO BELBO
Italien

Das Land der Trüffeln, Weine und guten Küche

Wo in Italien gibt es das beste Essen? Darum streiten sich alle Regionen des Landes mit der weltweit beliebtesten Küche. Im Piemont stehen die Aussichten auf den ersten Preis jedenfalls nicht schlecht: ein gesegneter Landstrich mit wunderbaren Weinen, den berühmten Trüffeln und jeder Menge Spezialitäten.

Asti (ca. 30 km)

Wer in den Weinbergen des südlichen Piemonts unterwegs ist, wird einen Abstecher nach Asti machen wollen – denn wer denkt bei dem Namen nicht an Wein und Schaumwein? Dabei gibt es Alternativen zum als Massenprodukt etwas in Verruf geratenen Asti Spumante, z. B. den Moscato d'Asti, ein ebenfalls lieblicher, aber in guter Qualität herrlich fruchtiger, sehr leichter Perlwein, den man unbedingt im Sommer am Nachmittag auf der Piazza versuchen sollte. Davor und danach schlendert man durch die mittelalterliche Altstadt mit ihren kleinen Geschäften oder besucht die gotische Kathedrale mit der noch viel älteren Krypta, bestaunt die Stadttürme aus dem 13. Jahrhundert oder besucht das Geburtshaus des Dichters und Aufklärers Vittorio Alfieri (1749 bis 1804) – aus der Familie der Gastgeber des Marchesi Alfieri (siehe Seite 90).

Barolo (ca. 43 km)

Der Name Barolo zergeht jedem Weinliebhaber auf der Zunge. Gemessen an der weltweiten Bekanntheit des Anbaugebiets ist der Ort selbst mit seinen 700 Seelen eher unscheinbar. Dennoch lohnt sich die dreiviertelstündige Fahrt sehr, thront doch mächtig und imposant das mittelalterliche Schloss über der Gemeinde. Hier ist nicht nur ein kleines Museum eingerichtet und die wertvolle historische Bibliothek zu sehen, im Keller befindet sich auch die Enoteca Regionale del Barolo, in der die flüssigen Schätze der Region im Vordergrund stehen. Diese kann man bei Weinproben testen oder bei schnellerer Entschlussfähigkeit auch direkt kaufen und in den Kofferraum packen.

Mrs T: „Am Outdoor-Pool kann man herrlich auf den Liegen entspannen und den Panoramablick auf die Weinberge genießen.“

to eat

Typisch piemontesische Küche mit einigen modernen Inspirationen bietet das ausgezeichnete Restaurant Guido da Costigliole. Achtung vor der Tradition und den regionalen Zutaten ist ein Hauptmerkmal der exzellenten Gerichte wie etwa der besonders empfehlenswerten Agnolotti al Plin. Ca. 3000 Weine, unterteilt in die Herkunft Piemont, Frankreich und „Rest der Welt", machen die Entscheidung nicht leicht, aber sicher lohnend.

Località San Maurizio
www.guidosanmaurizio.
com/#ristorante

VILLA SPARINA RESORT
Monterotondo, Italien

Das zwischen Alessandria und Genua gelegene Villa Sparina Resort empfiehlt sich für Natur- und Weinfreunde, die im südlichen Piemont erholsam-kulinarische Tage verbringen möchten.

Hotelinfo:

Villa Sparina Resort
Frazione
Monterotondo, 56
I-15066 Gavi (AL)
Tel.: +39 0143 60 78 01
Mail: info@
villasparinaresort.it
Web: www.
villasparinaresort.it

Ladeinfrastruktur:

2 Tesla DeC (nur Tesla)
1 DeC (alle EVs)

Über kurvige Straßen geht es im Piemont durch die Weinberge von Monterotondo, bis man schließlich das eiserne Tor des Villa Sparina Resort erreicht und im großzügigen Innenhof hält. Das Resort ist in einem traditionellen, umfangreich restaurierten Weingut untergebracht. Alfonso Spinelli ist ein charmanter Gastgeber und führt gern durch den Hotelbereich L'Ostelliere des weitläufigen Anwesens. Die 33 Zimmer sind geräumig und geschmackvoll mit etwas Vintage-Chic eingerichtet, erdige Farben erzeugen eine Wohlfühlatmosphäre, die durch den Efeu um die Fenster noch ein kleines romantisches Upgrade erhält. Im schönen großen Garten vor

> *Mr T: „Ob hier wohl ein ,Tesla Easteregg' versteckt ist? Aufladen kann man in der Villa Sparina auf jeden Fall!"*

dem Hotel befindet sich in einem ehemaligen Hühnerstall das Restaurant. Es heißt passend La Gallina („Das Huhn"), die Speisekarte steht ganz in der gastronomischen Tradition des Piemonts. Zu den aromatischen Gerichten empfiehlt sich ein hauseigener Wein aus dem riesigen Weinkeller. Im alten Gewölbe lagern Tausende von Flaschen. Star unter den Weinen der Villa Sparina ist der weiße Monterotondo in einer eigens designten Flasche.

IN UND UM MONTEROTONDO
Italien

Zwischen Piemont und Ligurien

Wo die zwei italienischen Regionen aufeinandertreffen, mischen sich auch die Einflüsse zu einer besonders liebenswerten Kombination. Die Reise vom landstädtischen Alessandria in die alte Hafenmetropole Genua weist dann die ganze Vielfalt von ländlicher Einfachheit mit bäuerlicher Wirtschaft und kleinen Industriebetrieben bis zur weltoffenen Drehscheibe auf.

Alessandria (ca. 33 km)

Die Provinzhauptstadt Alessandria liegt eine halbe Stunde vom Hotel entfernt am Ufer des Tanaro in der Poebene. Beim Bummel durch die Altstadt zwischen den Giardini Pubblici am Bahnhof und der Piazza Matteotti mit dem Triumphbogen kann man zwei besondere Einrichtungen besichtigen: das Borsalino-Museum und die Soave-Kunstgalerie. Im Museum dreht sich alles um den berühmten Hut, aber auch um Zylinder und andere Kopfbedeckungen, die die Gebrüder Borsalino in dem alten Fabrikgebäude hergestellt haben. Die Soave-Kunstgalerie hingegen zeigt in einer ehemaligen Kirche moderne und zeitgenössische Kunst. Verlässt man die Altstadt und überquert den Tanaro, so erreicht man die riesige barocke Zitadelle mit den sternförmigen Bastionen.

Genua (ca. 52 km)

Da das Villa Sparina Resort bereits nahe an der Grenze von Piemont zu Ligurien liegt, ist es auch nur eine eineinviertelstündige Fahrt auf der gewundenen Straße SP160 durch den Apennin in die Hafenstadt Genua. Die Altstadt mit den historischen Palästen – die Republik Genua war ja über Jahrhunderte erfolgreich im Seehandel und Amerika-Entdecker Christoph Kolumbus ein gebürtiger Genuese – wurde von der UNESCO 2006 in Teilen zum Weltkulturerbe erklärt und seit-

Mrs T: „Bei gutem Wetter sitzt man im Garten in einer der Schaukeln und genießt die prächtige Aussicht auf die Weinberge."

her zu großen Teilen saniert. An der zentralen Piazza de Ferrari stehen der Palazzo Ducale sowie das Opernhaus Carlo Felice. Unten am Meer laden seit dem Kolumbusjahr 1992 am umgebauten Alten Hafen Cafés und Restaurants sowie das neue Aquarium zum genussvollen Betrachten des Treibens am Hafen ein.

RELAIS SAN LORENZO

Bergamo, Italien

Das Relais San Lorenzo ist ein exquisites Boutique Hotel am Rande der Altstadt von Bergamo Alta, das neben der Qualität seiner Zimmer auch durch die hauseigene Gastronomie zu überzeugen weiß.

Mrs T: „Mein persönliches Highlight: die frei stehende Badewanne und eine separate Dusche mit Farbtherapie. Das angenehmste Schaumbad aller Zeiten!"

Nach einer Fahrt durch die engen Gassen von Bergamos Città Alta erreicht man das Relais San Lorenzo. Ein freundlicher Page bringt sofort das Gepäck auf das Zimmer, einer seiner Kollegen den Tesla zum Destination Charger in die Garage. Das Hotel selbst ist geschmackvoll renoviert – klare Linien und ein moderner Touch mit italienischen Design-Klassikern dominieren die Zimmer und Suiten – einige mit frei stehender Badewanne. Dennoch sollte man den Gang ins Spa nicht ausfallen lassen: Hier kann man das Dampfbad und die finnische Sauna besuchen oder sich mit Massagen und Beautyanwendungen Gutes tun. Und vom großen Whirlpool auf der Terrasse hat man einen fantastischen Blick. Auch kulinarisch hat das Hotel einiges zu bieten: Das Hostaria Gourmet Restaurant serviert exklusive italienische Menüs mit lokalen Zutaten. Es ist ebenso in eine archäologische Ausgrabungsstätte integriert wie das Hostaria Bistro, das mit traditioneller Küche aufwartet. Die Loungebar ist am Abend der perfekte Ort für einen Drink, so wie es tagsüber die Terrasse des Relais San Lorenzo ist.

IN UND UM BERGAMO
Italien

Eine Stadt auf zwei Ebenen

Zwei Standseilbahnen verbinden die Altstadt Bergamos – hoch auf einem Hügel am Alpenrand erbaut – mit tiefer liegenden Stadtvierteln, die sich teils zur Poebene hin erstrecken. Das Ensemble der Città Alta ist denkmalgeschützt. Kulinarisch stehen in Bergamo bodenständig Polenta und Taleggio hoch im Kurs: in den vielen guten Restaurants einfach mal ausprobieren!

Città Alta (ca. 1 km)

Bergamos Alt- und Oberstadt Città Alta liegt auf einer stark befestigten Anhöhe, die auch über eine kleine Standseilbahn erreichbar ist. Verwinkelte Gassen, der Dom sowie die Kirchen und zahlreichen Stadtpaläste machen sie zu einem Architektur-Juwel. Die Vielzahl an gemütlichen Cafés, Bars und Restaurants ist überwältigend, auf der zentralen Piazza Vecchia mit dem Palazzo della Ragione und dem von Löwenstatuen gesäumten Brunnen ist die Stimmung dann perfekt. Ein kleines Museum ist dem berühmtesten Sohn Bergamos, dem Opernkomponisten Gaetano Donizetti, gewidmet – und direkt gegenüber des Relais San Lorenzo kann man das Naturkundemuseum sowie das Archäologische Museum besuchen.

Iseosee (ca. 37 km)

Etwa eine halbe Stunde dauert die Fahrt zu einem der schönsten oberitalienischen Seen, dem Lago d'Iseo oder Iseosee. Am besten umrundet man den von hohen Bergen umgebenen See im Uhrzeigersinn ab Sarnico. So kann man jederzeit problemlos auf der Uferseite der Straße anhalten und zur Kamera greifen, um ein neues, spektakuläres Panorama abzulichten. Wenn man zwischen Predore und Gallinarga aus dem Tunnel kommt, hat man rechts einen schönen Blick auf die kleine Isola di San Paolo, die der Künstler

Mr T: „Vom Relais San Lorenzo ist es nur ein Katzensprung ins Herz der Città Alta, die mit ihren Gassen und Plätzen an Rom erinnert."

Christo 2016 zusammen mit dem Südufer der großen Monte Isola bei seiner temporären Installation „The Floating Piers" durch orange Pontons für Fußgänger erschlossen hatte. Gegen Ende der Fahrt bietet sich dann die malerische Uferpromenade von Iseo für einen Spaziergang samt Cappuccino an.

to celebrate

Das Bergamo Jazz Festival hat sich inzwischen neben den internationalen Festivals wie Paris, New York, Berlin und Montreux einen festen Platz im Kalender der Jazzenthusiasten aus aller Welt gesichert. Das Konzept sieht vor, dass italienische Musiker das Programm im Wechsel mit internationalen Jazzgrößen gestalten. Spannend sind auch die Aufführungsorte, denn die Konzerte erklingen auf geschichtsträchtigen Plätzen und Orten in der Stadt, wo man es sonst nicht erwarten würde.
Bergamo Jazz Festival
www.facebook.com/
bergamojazzfestival/
März

LIDO PALACE
Riva del Garda, Italien

Das Lido Palace in Riva del Garda ist ein Fünf-Sterne-Hotel, in dem Geschichte auf Design trifft – Alt und Neu bilden eine perfekte Symbiose, die das Haus zu einem unvergesslichen Urlaubsziel im Süden macht.

Hotelinfo:

Lido Palace
Viale Carducci, 10
I-38066 Riva del Garda
TN
Tel.: +39 0464 02 1899
Mail: info@
lido-palace.it
Web: www.
lido-palace.it

Ladeinfrastruktur:

1 Tesla DeC (nur Tesla)
1 Tesla DeC (alle EVs)

Ganz im Norden des Gardasees, wo die Uferstraßen noch kurviger und die Ausblicke noch spektakulärer sind, verbirgt sich in einem parkähnlichen Seegrundstück etwas östlich des Zentrums von Riva del Garda ein echtes Juwel: das Lido Palace. Ursprünglich im Jahr 1899 eröffnet, wurde das Hotel vor einigen Jahren durch den italienischen Stararchitekten Alberto Cecchetto saniert und mit viel Glas avantgardistisch erweitert. Der neue vierte Stock eröffnet aus den riesigen Zimmerfenstern fotogene Ausblicke auf den See. Das Interieur der Zimmer ist modern, in edlen Materialien und mit stilvollem Dekor gehalten. Und obwohl das Lido Palace nur 42

> *Mr T: „Das Anwesen feiert die Landschaft rund um Riva: Reflexionen im Wasser, imposante Felswände aus Kalkstein und üppige Vegetation."*

Zimmer hat, gelingt es Hoteldirektor Gabriele Galieni und seinem Team, denselben perfekten Service wie in einem großen Resort anzubieten. Das merkt man als Gast auch im großen Wellnessbereich und im Restaurant Il Re della Busa, die im Souterrain und im Erdgeschoss eines flachen Anbaus zum Gardasee hin liegen. Was Chefkoch Giuseppe Sestito im Restaurant auf die Teller zaubert, schmeckt genauso fantastisch, wie es aussieht.

↑ Bei schönem Wetter können die Gäste die Plätze auf der Hotelterrasse mit Blick zum See und auf die Berge nutzen.

IN UND UM RIVA DEL GARDA
Italien

Bilderbuchitalien am Gardasee

Mediterranes Klima mit Alpenpanorama – diese Mischung an den oberitalienischen Seen, allen voran dem Gardasee, hat es dem mitteleuropäischen Touristen zu Recht angetan. Trotz allem Trubel finden sich immer Gelegenheiten, die Schönheit der Landschaft und die Italianità der Lebensweise ungetrübt zu genießen.

Rocca (ca. 0,5 km)

Nur wenige Minuten sind es zu Fuß in Richtung der quirligen Altstadt von Riva, und schon steht man vor der imposanten Rocca, der komplett von Wasser umgebenen Burganlage am Ufer des Gardasees. Ihre heutige Form erhielt die mittelalterliche Anlage im 19. Jahrhundert unter den Habsburgern, die sie als Kaserne nutzten. An die Zeit davor erinnern innen Freskenfragmente aus der Renaissance, die aufwendig restauriert wurden. Statt österreichischen Soldaten beherbergt die Rocca heute das MAG – das Museo Alto Garda. Es präsentiert, unter anderem mit archäologischen Fundstücken, anschaulich die Geschichte der Stadt und des nahen Sarcatals.

Gardasee-Panoramaweg Busatte-Tempesta (ca. 5 km)

Knapp zehn Minuten fährt man vom Hotel nach Busatte oberhalb von Rivas Nachbargemeinde Torbole. Dort – am Parkplatz eines kleinen Abenteuerparks – beginnt der Panoramaweg nach Tempesta weiter im Süden, der immer 100 bis 120 m oberhalb des Gardasees

verläuft und so spektakuläre Ausblicke auf die Ufergemeinden, auf Segelboote, Surfer und Fähren sowie auf die Berge im Westen bietet. Der Panoramaweg ist für Einsteiger geeignet, da er über die gesamte Strecke nur wenige Höhenmeter überwindet, die meisten davon

Mrs T: „Architektur und Interieur – hier passt wirklich alles zusammen. Wir können nicht anders: Die Italiener haben einfach Stil."

über mit Geländern gesicherte Treppen. Hin und zurück sind es ca. 11 km, wer mag, kann einen Teil des Wegs nach Tempesta auf einer gut ausgebauten Forststraße etwas oberhalb des eigentlichen Panoramawegs laufen oder von Tempesta aus mit dem Bus zurück nach Torbole fahren.

to celebrate

Segeln gehört zum Gardasee wie das Oktoberfest zu München. Nicht zufällig hat es also eine Regatta in Riva geschafft, im Guinnessbuch der Rekorde als weltweit größtes Segelevent geführt zu werden. Über 1000 Jungsegler aus aller Herren Länder bieten jedes Jahr im April beim Lake Garda Meeting Optimist ein großartiges Spektakel für die Zuschauer.

Lake Garda Meeting Optimist
www.fragliavelariva.it/
April

↑ Auf knapp 1000 m Höhe liegt das Naturhotel Rainer. Im Sommer sitzt man herrlich auf der schönen Außenterrasse, im Winter stehen Skifahren und Sauna ganz oben in der Gästegunst.

NATURHOTEL RAINER

Ratschings, Italien

Das Naturhotel Rainer in den Südtiroler Bergen ist seit 40 Jahren ein Ziel für Wanderer und andere naturverbundene Gäste, die es im Urlaub einmal etwas ruhiger angehen lassen wollen.

Hotelinfo:

Naturhotel Rainer
Jaufental/Mittertal 48
I-39040 Ratschings
Tel.: +39 0472 765355
Mail: info@
hotel-rainer.it
Web: www.
hotel-rainer.it

Ladeinfrastruktur:

1 DeC (alle EVs)
2 CEE 16A dreiphasig
(alle EVs)

Keine Viertelstunde von Sterzing und der italienischen Brennerautobahn entfernt, liegt im ruhigen Jaufental der Gemeinde Ratschings das familiengeführte Naturhotel Rainer. Hotel- und Küchenchef Hannes Rainer, seine Ehefrau Kathrin, die geprüfte Wellnesstrainerin ist, sowie Schwester Sabrina, die sich um die Einrichtung kümmert, prägen das Hotel ebenso wie Seniorchef Hans Rainer, Landwirt, Jäger und Wanderführer, und Seniorchefin Marialuise Rainer, die es 1979 neben dem bestehenden Bauernhof und Gasthaus erbauten. Als Naturhotel ist das moderne Haus ganz der Nachhaltigkeit verpflichtet. So dominiert in den hellen Zimmern und Suiten heimisches Zirben- und Lärchenholz. Besonders beeindruckend ist die 48 m² große „Adlerhorstsuite" mit den Panoramafenstern nach Südwesten, durch die der Blick über das Jaufental geht, während man auf der „Adlerhorstschaukel" sitzt, deren Kissen mit Bergheu von der hauseigenen Ontrattalm gefüllt sind.

Besonderer Dreiklang

Das Naturhotel Rainer setzt auf den Dreiklang von Wandererlebnissen in Südtirol, genussvoller leichter Küche sowie Wellnessanwendungen aus heimischen Naturprodukten. Und so gibt es wöchentlich mindestens drei geführte Wanderungen, darunter die mit Seniorchef Hans Rainer hinauf zur hauseigenen Ontrattalm, wo er dann für die Gäste den Grill anwirft. Sohn Hannes Rainer hingegen sorgt als Gourmetkoch dafür, dass vor allem saisonale und regionale Naturprodukte verwendet und dann mit Kräutern aus dem hauseigenen Kräutergarten und von den umliegenden Almwiesen verfeinert werden. Schwiegertochter Kathrin Rainer wiederum stellt sicher, dass im kleinen Spa & Beauty „Naturbadl" am Bergbach neben dem Hotel nur Produkte ohne Chemie und Konservierungsstoffe, dafür mit Südtiroler Zutaten wie Gebirgshonig, Arnika oder Johanniskraut angewendet werden. In diesem Einklang von Mensch und Natur fühlen sich die Gäste des Naturhotels rundum wohl.

> *Mr T:* „*Das Schwimmbad mit der Salzaufbereitungsanlage zeigt eindrucksvoll, dass es auch ohne chemische Zusätze wie Chlor geht.*"

↑ Die Straße zum Hotel im Jaufental führt mitten durch die kleine Kapelle, sie wurde einfach „durchschnitten".

↑ Holz und andere natürliche Materialien dominieren im Naturhotel Rainer, worin sich die Gemeinsamkeit im Streben aller am Betrieb beteiligten Familienmitglieder ausdrückt: die Liebe zur Natur!

Insight Naturhotel Rainer

Das Naturhotel Rainer ist ein im besten Sinn familiengeführtes Unternehmen. Seit 1934 betreiben die Rainers hier ein Hotel, 1978 übernahm der jetzige Seniorchef Hans Rainer die Geschäfte, inzwischen ist schon sein Sohn Hannes an der Reihe. „Meine innere Ruhe finde ich in der Natur …", sagt Hans Rainer über sich, und das Hotelteam tut alles, damit auch die Gäste dieses Erlebnis haben können. Daher stammen die Wohlfühlprodukte im Wellnessbereich, den Juniorchefin Kathrin mitverantwortet, ebenso aus der Natur wie natürlich die regionalen Zutaten der hervorragenden Küche, in der der heutige Hotelchef Hannes das Zepter schwingt.

Große Fensterflächen sorgen zu allen Jahreszeiten für lichtdurchflutete Räume. ↑
Warm ums Herz wird es auch beim Essen, das regionale Zutaten mit gehobener Kochkunst verbindet.

IN UND UM RATSCHINGS
Italien

Südtiroler Bergglück im Jaufental

Nicht weit hinter der Brennerpasshöhe gelangt man nach Sterzing, und von da sind es nur noch ein paar Kilometer bis Ratschings – und schon befindet man sich in der schönsten Südtiroler Bergwelt mit traumhaften Wandermöglichkeiten und vielen sehenswerten Burgen, alten Kirchen und Schluchten.

Jaufental (ca. 1 km)

Über 35 km lang ist das Jaufental, in dem das Hotel liegt. Es erstreckt sich vom Ortsteil Gasteig bis zum 2094 m hohen Jaufenpass und gilt als das ruhigste der drei Täler im Gemeindegebiet von Ratschings. Dadurch ist es von Frühjahr bis Herbst ideal für entspannte Wanderungen. Über den Wanderweg Nr. 12 erreicht man etwa das Jaufenhaus auf 1887 m Höhe, das von Jaufenspitz und Saxner überragt wird. Auch Almen und Wanderziele wie die Rinneralm, die Saxnerhütte oder die Kalcheralm laden in malerischer Natur zur Einkehr nach einer kleineren oder größeren Tour ein. Und wer möchte, kann nicht nur direkt am Hotel loswandern, sondern dies auch unter der kundigen Führung des Hotelbesitzers persönlich tun, der einige Routen anbietet.

Sterzing (ca. 7 km)

Keine Viertelstunde dauert die Fahrt nach Sterzing. Das nächstgelegene Städtchen war und ist ein wichtiger Verkehrsknoten auf dem Weg zum Brennerpass. Wahrzeichen seiner pittoresken Altstadt ist der hohe Zwölferturm aus dem späten 15. Jahrhundert, der eine mechanische Turmuhr und eine Sonnenuhr besitzt. Auch die Pfarrkirche Unsere Liebe Frau im Moos ist einen Blick wert: Äußerlich noch ganz spätgotische Hallenkirche, wurde das Innere im Barock neu ausgestaltet. Schön ist es, einfach durch die Altstadtgasse zu schlen-

Mrs T: „Das Naturhotel besitzt einen Tesla, den Gäste für Ausflüge mieten können und der mit Strom aus Wasserkraft geladen wird.“

dern. Hier hatten in früheren Zeiten vor allem Handwerker ihre Werkstätten, heute lädt sie zum Shoppen und Genießen ein, z. B. in den Geschäften mit Trachtenmode, Schuhen oder regionalen kulinarischen Spezialitäten. Letztere kann man in den vielen Restaurants und Cafés auch einfach mal ausprobieren.

Schloss Wolfsthurn (ca. 10 km)

In Ratschings Ortsteil Mareit liegt Schloss Wolfsthurn. Das einzige Barockschloss Südtirols geht auf einen mittelalterlichen Wehrturm zurück und erhielt unter Franz Andreas von Sternbach in den Jahren 1727 bis 1741 seine heutige Form. Der östliche dreigeschossige Hauptflügel der Anlage ist über einen großen ummauerten Innenhof mit Fontäne mit dem eingeschossigen Westflügel verbunden. Einige Prunkräume mit barockem Inventar im Hauptflügel können besichtigt werden, eine kleine Ausstellung informiert über die Geschichte des Gebäudes, in dem seit 1996 auch das Südtiroler Landesmuseum für Jagd und Fischerei untergebracht ist.

Gilfenklamm (ca. 5 km)

Das Naturdenkmal Gilfenklamm ist seit seiner Erschließung als Kaiser-Franz-Joseph-Klamm im Jahr 1898 ein beliebtes Ziel für eine gut einstündige Wanderung. Nur wenige Fahrminuten vom Hotel weg hat sich beim Weiler Stange der Ratschinger Bach als einziger Wasserlauf Europas seinen Weg durch eine Schicht aus weißem Marmor hindurchgegraben, die nun durch die Verwitterung grün und grau schimmert. Vom Bretterweg durch die Klamm mit seinen zahlreichen Brücken kann man die Naturgewalt des rauschenden Wildbachs in der Tiefe bewundern. Das Wasser stammt aus den Stubaier Alpen sowie der Gegend rund um den Jaufenpass und fließt weiter in den Ridnauner Bach, einen Zufluss des Eisacks.

Meran (ca. 40 km)

Fährt man über den Jaufenpass, so erreicht man nach einer halben Stunde Meran, das seit dem 19. Jahrhundert auch als beliebter Kurort bekannt ist. Einem der ersten berühmten Gäste, Kaiserin Elisabeth (Sisi), ist sogar ein Denkmal gewidmet. Flaniert man an der Passerpromenade entlang, so stechen weitere Skulpturen und die mediterranen Pflanzen ins Auge, die im milden Klima der nur ca. 300 m über dem Meeresspiegel gelegenen Stadt gut gedeihen. Am Fluss liegt auch in einem weitläufigen Park die von Matteo Thun erbaute und 2005 eröffnete neue Therme Meran mit 25 Pools, großer Saunalandschaft und und und. Ein Highlight am Stadtrand ist Schloss Trauttmansdorff. Die neogotisch

↑ Über einen Rundweg kann die Gilfenklamm in ca. 2,5 Stunden mit einem Besuch der Burgruine Reifenegg verbunden werden. Am Eingang der Schlucht muss man eine geringe Benutzungsgebühr zahlen.

↑ Blumenpracht aus aller Welt, Moose, Büsche, Bäume aus allen Vegetationszonen sind in den Gärten des Schlosses Trauttmansdorff zu bewundern. Das Palmencafé am Seerosenteich bietet auch Erfrischungen für den Besuch, der gut und gern einige Stunden dauern kann.

umgestaltete Anlage beherbergt heute das Touriseum, das Südtiroler Landesmuseum für Tourismus. Das Hauptaugenmerk liegt aber auf dem wunderschönen, weitläufigen botanischen Garten des Schlosses.

SCHWEIZ & LIECHTENSTEIN

CASTELLO DEL SOLE

Ascona, Schweiz

Auf einem einzigartigen, großen Grundstück am Lago Maggiore in Ascona bietet das Resort Castello del Sole Fünf-Sterne-Luxus für seine Gäste, von denen viele zu Stammgästen geworden sind.

Hotelinfo:

Castello del Sole
Via Muraccio 142
CH-6612 Ascona
Tel.: +41 9 17 91 02 02
Mail: info@
castellodelsole.com
Web: www.
castellodelsole.com

Ladeinfrastruktur:

2 Tesla DeC (nur Tesla)
1 Tesla DeC (alle EVs)

Bereits die Anfahrt durch die wunderschöne lange Allee auf das Grundstück des Castello del Sole in Ascona gibt einem ein erhebendes Gefühl. Im Fünf-Sterne-Hotel am Nordufer des Lago Maggiore angekommen, wird man von Hoteldirektor Simon Valentin Jenni persönlich begrüßt. Die Zimmer und Suiten atmen eine gediegene Eleganz, in der die über 110-jährige Tradition des Hauses spürbar wird. Besonders schön ist die Aussicht in den hoteleigenen „Garten Eden" von 100 ha Größe von den „Retreat Loggia Suiten". Es werden Äpfel und andere landwirtschaftliche Produkte angebaut, es gibt aber auch zahlreiche Blumen, blühende Sträucher, versteckte Leseecken, Liegestühle und

> *Mr T: „Hier hat man viel Platz und findet Zeit und Luxus zum Wohlfühlen, Wärme, Sonne und familiäre Herzlichkeit."*

sogar einen Privatstrand mit direktem Zugang zum See. Die Liebe zur Natur und zum Detail ist an vielen Stellen zu finden – seien es die wunderschönen über das Haus verteilten Blumenbouquets, der große Spa-Bereich oder die fantastischen Gerichte aus selbst angebauten Zutaten im Restaurant Locanda Barbarossa. Mattias Roock, der junge Chef de Cuisine, hat nicht von ungefähr bereits einen Michelin-Stern sowie 17 Gault-Millau-Punkte erworben.

IN UND UM ASCONA
Schweiz

Schweizer Gediegenheit und lebensfrohe Italianità

Den Lago Maggiore, vielleicht der schönste der oberitalienischen Seen, teilen sich Italien und die Schweiz. Dort, im Norden, fügen sich die Vorzüge aus zwei Welten zu einer fast unwirklich perfekten Traumkulisse aus Bergen, Wasser und mediterran-urbanem Flair.

Ghisla Art Collection, Locarno (ca. 3 km)

Ein dreistöckiger, rotbrauner Kubus sticht in Locarno landeinwärts der Uferstraße am Lago Maggiore ins Auge: die Ghisla Art Collection. Das kleine, aber feine Kunstmuseum geht auf die in etwa 30 Jahren entstandene Privatsammlung des Ehepaars Pierino und Martine Ghisla zurück und zeigt in acht Räumen Meisterwerke der modernen und zeitgenössischen Kunst: Pop-Art und Konzeptkunst, informelle und abstrakte Kunst sowie New-Dada. Neben bekannten Namen wie Victor Vasarely und Joan Miró finden sich in der Sammlung der Ghislas auch junge, noch unbekannte Künstler. Ergänzt wird die Dauerausstellung durch mehrere Wechselausstellungen pro Jahr, für die der dritte Stock des Kubus reserviert ist.

Valle Verzasca (ca. 8 km)

Einer der Gebirgsflüsse, die den Lago Maggiore speisen, ist die Verzasca. Ihr sich östlich von Locarno nach Norden erstreckendes Tal (siehe Bild) gilt als eines der schönsten des Tessins. Es ist bei Wanderern sehr beliebt und lässt sich erlebnisreich mit dem Auto durchfahren. Beim Wandern oder bei öfter eingelegten Fahrpausen sieht man, wie sich die Verzasca oft zwischen Edelkastanien hindurchschlängelt und immer wieder zu natürlichen Becken weitet, in denen das glasklare Wasser wie in einem Pool schimmert. Die

Mrs T: „Ein Paradies! Das Castello del Sole hat unsere Herzen in nur zwei Tagen im Sturm erobert."

Wege im unteren Teil des Valle Verzasca entlang des Stausees Lago di Vogorno oder beim Bergdorf Lavertezzo mit seiner eindrucksvollen Natursteinbrücke Ponte dei Salti sind technisch einfach begehbar. In den höher gelegenen Teilen des Tals finden sich dann die Routen für die erfahrenen Tourengeher.

to celebrate

„Film ab!" heißt es jedes Jahr im August beim Locarno Festival. Viele Filme werden dabei unter freiem Himmel auf der zentralen Piazza Grande gezeigt, die Platz für 8000 Zuschauer bietet. Als Hauptpreis wird seit 1968 der „Goldene Leopard" vergeben, dessen Preisgeld zu gleichen Teilen an den Regisseur und den Produzenten des Siegerfilms geht.

Locarno Film Festival
www.locarnofestival.ch
August

↑ Das Haupthaus, erbaut 1834, fügt sich harmonisch ins historische Bäderviertel Badens ein. Es war Schauplatz der Dreharbeiten zur Verfilmung von Dürrenmatts *Justiz* (1993). Im Neubau überzeugen die Private-Spa-Suiten mit individuellem Luxus.

LIMMATHOF BADEN HOTEL & SPA

Baden, Schweiz

Die mineralreichsten Thermalquellen der Schweiz genießt man in den zwei Gebäuden des Limmathof Baden Hotel & Spa, die mit einer Brücke über den Fluss zu einem beeindruckenden Wellnessensemble verbunden sind.

Hotelinfo:

Limmathof Baden
Hotel & Spa
Limmatpromenade 28
CH-5400 Baden
Tel.: +41 56 200 17 17
Mail:
info@limmathof.ch
Web: www.limmathof.ch

Ladeinfrastruktur:

1 Tesla DeC (nur Tesla)
1 Tesla DeC (alle EVs)

Der Limmathof Baden ist ein Hotel & Spa, das aus zwei Häusern besteht: dem herrschaftlich-traditionellen Limmathof Baden Hotel & Novum Spa im historischen Bäderviertel der Stadt sowie – verbunden mit einer kleinen Brücke über die Limmat – dem kubisch-modernen Limmathof Baden Hotel & Private Spa im Nachbarort Ennetbaden. Wer seinen Tesla am Destination Charger aufladen möchte, sollte Ennetbaden ansteuern – über die Brücke ist man ja auch zu Fuß schnell in Baden, wenn man das Zimmer im „Altbau" hat. Das historische Hotelgebäude aus dem Jahr 1834 glänzt mit einem neobarocken Speisesaal und diente 1993 sogar einmal als Filmkulisse. Seine geschmackvollen Hotelzimmer, Suiten und Studios bieten die beste Voraussetzung für einen erholsamen Aufenthalt, bei dem im Novum Spa das 36 °C heiße Heilwasser der Thermalquellen im Mittelpunkt steht. Eine wohltuende Wirkung auf Gelenke und Muskeln und damit auf die ganze Gesundheit hat sicher auch der Besuch des Fitnessstudios des Limmathof Baden Hotel & Novum Spa.

Mr T: „Der Limmathof hat schon früh auf Elektromobilität gesetzt und zwei Destination Charger installiert."

Gesundheit, Wellness und Nachhaltigkeit

Neben der Gesundheit liegt bei den Gästen heute das Augenmerk auf Wellness, insbesondere im 2011 eröffneten durchgestylten Neubau auf der anderen Flussseite, dessen Einrichtung das Herz jedes Design-Fans höher schlagen lässt. Keine Wünsche lassen die Private-Spa-Suiten „Diamant", „Saphir" und „Rubin" offen. General Manager Lorenz Diebold und sein Team „vergolden" die Auszeit mit ihrer Herzlichkeit zusätzlich. Wenn man dann morgens vom Rauschen der Limmat und dem Zwitschern der Vögel geweckt wird oder im stilvollen Café-Bistro Hirsch das reichhaltige Frühstück zu sich nimmt, wird das Wort Wellness weiter positiv „aufgeladen". Dass wie schon erwähnt der Tesla im Limmathof aufgeladen werden kann, gehört genauso zur Nachhaltigkeit des Hauses wie die Tatsache, dass das heiße Thermalwasser nicht nur Energie für die Badegäste liefert, sondern auch zum Beheizen des Hotels genutzt wird.

↑ Nachhaltigkeit gehört zum Konzept des Schweizer Traditionshauses in Baden und Ennetbaden.

IN UND UM BADEN
Schweiz

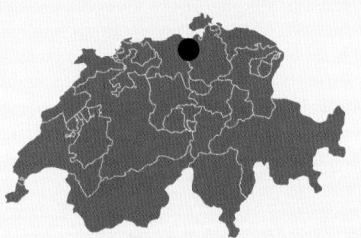

Wo schon die Römer badeten

Am Treffpunkt zweier geologischer Zonen (dem Schweizer Mittelland und Faltenjura) schlängelt sich die Limmat durch die Gesteine. Beim Kurort Baden treten beidseits des Flusses 21 Thermalquellen zutage, deren extrem mineralreiche, angenehm temperierte Wässer schon seit 2000 Jahren zum Kuren genutzt werden.

Museum Langmatt (ca. 1 km)

Das Museum Langmatt befindet sich unweit des Hotels in der früheren Villa des Unternehmerehepaars Sidney William Brown und Jenny Brown-Sulzer und ist von Anfang März bis Anfang Dezember geöffnet. Die Browns erwarben bereits auf ihrer Hochzeitsreise 1896 in Paris zwei Bilder und konzentrierten sich dann als Sammler ab 1908 auf französische Impressionisten: Paul Gauguin, Pierre-Auguste Renoir, Claude Monet, Alfred Sisley und Paul Cézanne sind nur einige der Maler, von denen Werke im Museum Langmatt hängen. Daneben sind auch die 1899 bis 1901 errichtete Villa selbst mit ihrer erhaltenen Einrichtung, die regelmäßigen Wechselausstellungen sowie der romantische Park, der zum Picknicken einlädt, sehenswert.

Grand Casino (ca. 1 km)

Über 300 000 Besucher pro Jahr lieben „Faites vos jeux!" und „Rien ne va plus!": Das Grand Casino Baden im ehemaligen Kursaal von 1875 hat täglich geöffnet, das Tischspiel ist immer ab 15 Uhr möglich. Neben „klassischen"

Spielen wie Roulette, Black Jack und Poker können im Casino auch Big Shot, Black James und Race4Ace gespielt werden. Regelmäßige Veranstaltungen wie Poker-Turniere oder Bingo-Nächte, aber auch After-Work-Partys mit Live-Musik oder Barbecue-Abende ergänzen das Angebot des Casinos an Events für

Mrs T: „Obwohl ich hier aufgewachsen bin, waren für mich der renovierte Limmathof und das neue Haus eine große Überraschung!"

alle. Wer hingegen mehr im privaten Rahmen bleiben möchte, dem stehen in dem Gebäude oberhalb des Flusses Limmat auch Räume für Seminare, Bankette und Hochzeiten zur Verfügung. Zur Erholung nach dem nervenaufreibenden Spiel schlendert man durch den dazugehörigen Park mit altem Baumbestand.

E-Grand-Tour of Switzerland

Die Grand Tour ist der erste Road Trip für Elektrofahrzeuge auf der ganzen Welt. Für die nötige Energie auf der über 1600 km langen Route sorgen rund 300 Ladestationen, die ein ebenso bequemes wie sauberes Fahrvergnügen ermöglichen. Natürlich „muss" man nicht die komplette Strecke abfahren, um in den Genuss der guten Infrastruktur und der landschaftlichen Schönheiten zu kommen, sondern man kann sich nach Bedarf aussuchen, welche der fünf Alpenpässe oder der 22 Seen, die an der Grand Tour liegen, man gerne „erfahren" möchte. Und das geht sogar, wenn man noch kein E-Auto hat – man kann einen Tesla für die Tour auch ausleihen.

Historisches Museum Baden (ca. 2 km)

Das Historische Museum Baden liegt im Herzen der Stadt direkt am Fluss Limmat und besteht aus dem alten Landvogteischloss und einem Neubau. Während die rekonstruierten Räume der Landvogtei der Wohnkultur vom Mittelalter bis zum 20. Jahrhundert gewidmet sind, setzt die Dauerausstellung „Geschichte verlinkt" ihren Schwerpunkt auf die Bäder- und Industriegeschichte der Stadt. Ihrem Namen entsprechend, erfolgt die Präsentation mit zahlreichen Touchscreens, deren Text- und Bildinformationen wie in einem Internetlexikon Querverweise zwischen den gezeigten Originalen herstellen und den zeitgeschichtlichen Kontext verdeutlichen. Zusätzlich nehmen zwei Sonderausstellungen pro Jahr gesellschaftlich relevante Themen mit einem starken Bezug zur Gegenwart und zu Baden in den Fokus.

Zürich mit der Bahn (ca. 30 km)

Der 1847 eröffnete Bahnhof in Baden ist einer der ältesten in der Schweiz, das Bahnhofsgebäude selbst ist sogar das älteste des Landes und noch immer „in Betrieb". Hier kann man also ein Ticket für die kurze Fahrt nach Zürich erwerben, um die schöne Stadt zu besuchen und eine Shoppingtour durch die exquisiten Läden der größten eidgenössischen Metropole zu machen. Will man sich ein Panoramabild der Lage machen, fährt man vom Zürcher Bahnhof aus mit der Uetlibergbahn (der zur S-Bahn gehörenden S 10) auf den Hausberg, den Uetliberg. Die Aussicht gewährt einen Blick über Stadt, Limmat und

↑ Die hochkarätige Sammlung des Museum Langmatt in Baden möchte nicht nur „fertige" Kunstkenner ansprechen. Daher bemüht man sich intensiv um Angebote wie Workshops und unterhaltsame Museumstouren für Kinder. Kostenlos können sie einen Museumskoffer mit Suchspielen sowie Papier und Farbstifte leihen. Damit kann gerätselt und gemalt werden.

↑ Seit 1891 wird im Grand Casino „professionell" Geld gewonnen und verloren. Damals war das Rösslispiel sehr in Mode, ein Wettspiel, das auch heute noch hin und wieder gespielt wird.

Zürichsee. Vor allem im Sommer kommt man dann leicht auf die Idee, in den Gewässern auch baden zu gehen, was in den über 40 Badis, wie die Badeanstalten hier genannt werden, überall in der Stadt möglich ist.

↑ Das Schloss der Fürsten von Liechtenstein hat man immer im Blick, wenn man auf der „Adlernest"-Terrasse des Hotels fein speist oder einfach einen Drink genießt.

PARK HOTEL SONNENHOF
Vaduz, Liechtenstein

Oberhalb von Vaduz bietet das familiengeführte Park Hotel Sonnenhof mit seiner spektakulären Aussicht und seinem Sternerestaurant ein perfektes Refugium für Geschäftsreisende und Feriengäste.

Hotelinfo:

Park Hotel Sonnenhof
Mareestr. 29
FL-9490 Vaduz
Tel.: +423 2 39 02 02
Mail:
real@sonnenhof.li
Web:
www.sonnenhof.li

Ladeinfrastruktur:

1 Tesla DeC (nur Tesla)
1 Tesla DeC (alle EVs)

Pünktlich zum 300. Jahrestag des Fürstentums Liechtenstein 2019 gelang Hubertus Real, dem Inhaber des Park Hotel Sonnenhof, ein Coup in Sachen Nachhaltigkeit: Mit dem Einbau von zwei Wärmepumpen für Heizung und Klimatisierung, die ihren Strom größtenteils aus der eigenen Photovoltaikanlage beziehen, machte er das 1962 von seinen Eltern als Pension Sonnenhof gestartete Park Hotel energetisch fit für die Zukunft. Teil des Nachhaltigkeitskonzeptes sind auch die Tesla Destination Charger am Haus. Dieses besticht natürlich weiterhin durch die Qualität seiner 29 individuellen Zimmer und seine exponierte Hanglage oberhalb von Liechtensteins Hauptstadt Vaduz. Und während man sich im Hotel beim Gang in die Wellnessoase mit Sauna und Schwimmbad wie in einem „Märchen aus 1001 Nacht" fühlt, erweckt draußen im weitläufigen Park die Terrasse „ritterliche Gefühle" – ist sie doch als ein „Adlernest" angelegt, von dem aus man in 1 km Entfernung das fürstliche Schloss erblickt. Kein Wunder also, dass das kleine Boutique Hotel zu den besten familiengeführten Hotels der Welt zählt.

Mr T: „Mit den ‚Valle Dulcis'-Saucen und -Chutneys nach Rezepten des „Marée" kann man das Urlaubsfeeling nach Hause mitnehmen."

↑ Das Restaurant des Hotels überzeugt mit seiner geschmackvollen Einrichtung und vor allem mit der ausgezeichneten Küche.

Ausgezeichnete Küche

Das Restaurant Marée im Park Hotel Sonnenhof zählt ebenfalls mit zu den besten, ist es doch mit einem Michelin-Stern sowie drei Gault-Millau-Hauben geziert. Seit 2019 glänzt seine Einrichtung mit speziellen Materialien wie Bronze, Leder oder Nussbaumholz in neuem Design, das ganz auf Leichtigkeit, Eleganz und Wärme setzt. Leichtigkeit und Eleganz charakterisieren auch die Küche im Marée, für deren hohe Qualität Hausherr Hubertus Real sorgt, der bereits 1988 als Koch bei den World Skills in Sydney eine Goldmedaille gewann: Ob Evergreens wie asiatisch marinierte Thunfischwürfel oder karamellisierte Rheintaler Schweinebrust – die Vorspeiscn, Hauptgerichte samt Beilagen und Desserts im Marée entstehen aus nachhaltig und möglichst regional erzeugten Grundprodukten. Dies gilt auch für das ergänzende Menü mit vegetarischen und veganen Gerichten.

IN UND UM VADUZ
Liechtenstein

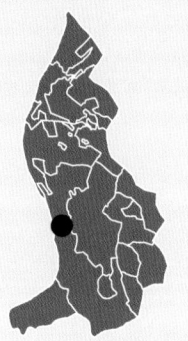

Rundreise durch das sechstkleinste Land der Welt

Eingebettet zwischen Schweiz und Rhein im Westen und dem österreichischen Vorarlberg im Osten, liegt das kleine Fürstentum Liechtenstein – bergige Heimat für gerade mal 38 000 Liechtensteiner, die sich aber über die zahlreichen Gäste in ihrem Land umso mehr freuen.

to drink

Nördlich des Zentrums von Vaduz liegt die klimatisch begünstigte, 4 ha große Reblage Herawingert. Roter Pinot Noir und weißer Chardonnay werden dort angebaut und können direkt vor Ort in der Hofkellerei des Fürsten von Liechtenstein verkostet und gekauft werden. Eine Besonderheit ist Gruppen ab zehn Personen vorbehalten: Prinzessin Marie von Liechtenstein, ausgebildete Sommelière, erklärt nach entsprechender Voranmeldung größeren Gruppen höchstpersönlich die Charaktere der verschiedenen Tropfen.

Hofkellerei des Fürsten von Liechtenstein
Feldstrasse 4
FL-9490 Vaduz
www.hofkellerei.li

Schatzkammer Liechtenstein (ca. 1 km)

Man könnte fast sagen: „Wie es sich für ein echtes Fürstentum gehört …" – auch wenn die Schatzkammer Liechtenstein in Vaduz im „Engländerbau", einem ehemaligen Bürogebäude, und nicht im Schloss untergebracht ist. Ausgestellt werden zahlreiche Exponate aus der Sammlung des Fürsten, darunter Geschenke von Königen und Kaisern, Jagdausrüstung oder alte Waffen. Selbst mehrere Fabergé-Eier, die aus dem Nachlass des Liechtensteiner Mäzens Adulf Peter Goop stammen, sowie einige Stücke Mondgestein von der Apollo-11-Mission 1969, die der US-Präsident Richard Nixon dem Land schenkte, gibt es zu sehen – ist die Schatzkammer doch organisatorisch dem Liechtensteinischen Landesmuseum angegliedert und das Thema ihrer Dauerausstellung „Vom Fürstentum über die Welt in den Weltraum".

Alte Rheinbrücke (ca. 2 km)

Der Rhein – im engeren geografischen Sinne der Alpenrhein – bildet die Grenze zwischen Liechtenstein und der Schweiz. Lange Zeit erfolgten der Handel und der Personentransport zwischen den Ländern mit Fähren oder über Holzbrücken, von denen die Alte Rheinbrücke zwischen Vaduz und Sevelen im Kanton St. Gallen die letzte ist. Sie entstand 1901 auf den fünf Brückenpfeilern eines Vorgängerbaus von 1870/71 und überspannt eine

Mrs T: „Ein perfekter Abend? Mit Mr T und einem schönen Glas Wein im ‚Adlernest' sitzen und in die Sonne blinzeln!"

Länge von 135 m. Auf der überdachten und seitlich geschlossenen Brücke fuhren bis zum Bau einer Betonbrücke 200 m weiter im Jahr 1975 auch Autos. Seither ist die Alte Rheinbrücke dem nichtmotorisierten Verkehr vorbehalten und besonders bei Wanderern und Radfahrern beliebt.

Kunstmuseum Liechtenstein (ca. 1 km)

„Kunst in Kuben" – so könnte vielleicht der Name einer Ausstellung lauten, so präsentieren sich aber auf jeden Fall die Gebäude des Kunstmuseums Liechtenstein (ein schwarzer Kubus aus dem Jahr 2000) und der direkt daneben stehenden Hilti Art Foundation (ein weißer Kubus aus dem Jahr 2015) in Vaduz.

Doch neben der äußeren Form verbindet die beiden Institutionen auch der Inhalt ihrer Sammlungen: moderne und zeitgenössische Kunst. Auch wenn der Grundstein 1967 mit zehn geschenkten Gemälden gelegt wurde, fokussiert man sich heute eher auf Skulpturen, Objektkunst und (multimediale) Installationen. Einzelausstellungen zu internationalen Künstlern wie Joseph Beuys oder Andy Warhol wechseln sich dabei mit thematischen Gruppenausstellungen wie etwa „Faites vos jeux! Kunst und Spiel seit Dada" oder „Auszeit. Kunst und Nachhaltigkeit" ab.

Burg Gutenberg (ca. 8 km)

Burg Gutenberg liegt in Liechtensteins südlichster Gemeinde Balzers etwa 15 Minuten von Vaduz und dem Hotel entfernt. Die Anlage auf einem markanten Hügel geht bis ins hochmittelalterliche 13. Jahrhundert zurück. 1314 fiel sie an die Habsburger, im Schwabenkrieg 1499 wurde sie von den Eidgenossen erfolglos belagert. Nachdem sie in der Zeit danach verfiel, wurde Burg Gutenberg 1905 bis 1912 in der jetzigen Form wiederaufgebaut. Ihre Vorburg ist heute ganzjährig zugänglich, Teile der eigentlichen Burg werden von Anfang Mai bis Ende Oktober für kulturelle Veranstaltungen oder private Anlässe wie Hochzeitsfeiern genutzt. Über die Gemeinde kann auch eine Burgführung gebucht werden, die fotogene Rosenkapelle ist unabhängig davon immer sonntags geöffnet.

Liechtensteinisches Landesmuseum (ca. 1 km)

Wie der Name Liechtensteinisches Landesmuseum bereits andeutet, dreht sich bei dem Museum im Herzen von Vaduz alles um die Geschichte des Fürstentums. Die ursprüngliche Sammlung umfasst Kunstgegenstände und Gemälde ebenso wie Orden und Ehrenzeichen, land- und alpwirtschaftliche Gerätschaften oder historische Waffen. Eine naturkundliche Sammlung im Erweiterungsbau

↑ Alt: Im Lauf des 13. Jahrhunderts entstand Burg Gutenberg, die dann im frühen 16. Jahrhundert nochmals stark baulich verändert wurde. Ihr Wiedererstehen nach Zeiten des Verfalls verdankt die Burg dem Maler, Bildhauer und Architekten Egon Rheinberger, der die Burg von 1905 bis zu seinem Tod 1936 besaß.

↑ Neu: Das Kunstmuseum Liechtenstein ist in zwei kubischen Baukörpern untergebracht – der eine schwarz, der andere weiß. Im Spannungsfeld dieser Gebäude nähert sich der Besucher Skulpturen, Objekten und Installationen.

ergänzt seit 2003 die Museumsbestände. Neben dem Postmuseum und der Schatzkammer Liechtenstein ist auch ein bäuerliches Wohnhaus in der Gemeinde Schellenberg als Außenstelle dem Landesmuseum angegliedert.

DEUTSCHLAND

BENEN-DIKEN-HOF
Keitum auf Sylt, Deutschland

Der Benen-Diken-Hof im Sylter Ortsteil Keitum ist eines der letzten familiengeführten Hotels auf Deutschlands nördlichster Insel. Dabei fühlt sich das Ensemble aus mehreren Reetdachhäusern wie eine malerische „Insel auf der Insel" an.

Hotelinfo:

Benen-Diken-Hof
Keitumer Süderstr. 3-5
D-25980 Sylt-Keitum
Tel.: +49 4651 9383-0
Mail: info@benen-diken-hof.de
Web: www.benen-diken-hof.de

Ladeinfrastruktur:

2 Tesla DeC (nur Tesla)
1 Tesla DeC (alle EVs)
1 CEE 16 A dreiphasig (alle EVs)
1 CEE 32 A dreiphasig (alle EVs)

Etwa 300 m vom Wattenmeer entfernt, liegt im locker bebauten Sylter Ortsteil Keitum ein Juwel: der von Claas-Erik Johannsen betriebene Benen-Diken-Hof. 48 Zimmer, Suiten, Hotelapartments und Studios verteilen sich auf mehrere Reetdachhäuser rund um das Hauptgebäude von 1841. Sprossenfenster, Eichendielen oder Naturböden vermitteln ebenso Gediegenheit wie das hohe Niveau der Einrichtung im friesischen Landhausstil. Besonders schön: Viele der Zimmer besitzen eine kleine Terrasse, auf der man unter freiem Himmel schnell Entspannung findet. Da das freundliche Team von Claas-Erik Johannsen den Gästen quasi jeden Wunsch von den

> *Mr T: „Das Hotel lebt Elektromobilität, und die Gäste werden standesgemäß im hauseigenen Tesla abgeholt."*

Lippen abliest, wird der an einer Wand prangende Slogan „Mit beiden Beinen fest in den Wolken" schnell Wirklichkeit. Noch höher „schwebt" man im Wolkenlön Spa mit großem Pool, Sauna und Dampfbad. Danach schmecken die regionalen Fisch- und Fleischgerichte im Restaurant Køkken gleich nochmal besser, genauso wie das Bier, das in der Hotelbar nach alter Familientradition ins Glas „gedreht" wird.

IN UND UM KEITUM
Deutschland

Natur und mondäne Lebensart auf Deutschlands bekanntester Insel

Sie besitzt sicher die einprägsamste Inselsilhouette, denn fast jeder, der einmal dort war, führt einen Syltaufkleber auf dem Auto mit sich. Aber auch sonst ist Sylt oft im Gespräch – wegen seiner schönen Natur, wegen der schicken Läden und Hotels und wegen seiner überregional bekannten Spitzengastronomie – Sylt ist „in"!

List (ca. 20 km)

Deutschlands nördlichste Gemeinde ist List auf Sylt. Vom Hotel aus ist sie in einer guten Stunde schön per Fahrrad erreichbar, wobei ein E-Bike die bessere Wahl ist, da von der Nordsee her gerne eine steife Brise aus dem Westen weht. Der kleine Ort mit seinen knapp 1500 Einwohnern liegt auf der Ostseite zum Wattenmeer, über das auch eine Fähre zur nahen dänischen Insel Rømø fährt. Im Landesinneren erstrecken sich große Wanderdünen und im Westen der lange Sandstrand an der Nordsee (siehe Bild). Orientierung verschaffen der rot-weiß gestreifte Leuchtturm List-Ost sowie der weiße Leuchtturm List-West – und das auch zu Land oder aus der Luft. Denn wäre man eine Möwe, wäre einem sofort klar, warum die nahe Halbinsel mit dem nördlichsten Punkt Deutschlands „Ellenbogen" genannt wird …

Rantumbecken (ca. 4 km)

Zum Nordrand des artenreichsten Vogelschutzgebiets in Norddeutschland sind es vom Hotel aus zu Fuß etwa 45 Minuten. Das nach dem kleinen Ort Rantum benannte Rantumbecken wurde 1937 mit einem Deich vom Wattenmeer abgetrennt und war ursprünglich als Landeplatz für Wasserflugzeuge gedacht. Heute tummeln sich in dem 600 ha großen Areal zwischen Schilfgürteln, Salzwiesen und Sümpfen zur Brut- oder Zug-

Mrs T: „Im großen Spa-Bereich ist alles neuwertig und einladend eingerichtet – hier fällt es leicht, einfach die Seele baumeln zu lassen!"

zeit Zehntausende Vögel. Daher ist es am besten, bei einer Umwanderung oder Umfahrung auf dem Rad ein Fernglas oder eine Kamera griffbereit zu haben, kann man doch vom Deich aus Alpenstrandläufer, Flussseeschwalben, Knutts und viele andere Arten erspähen.

↑ Wenn es im Norden Deutschlands am Abend schnell kühl wird, sorgt in der Lounge des Barefoot Hotel der offene Kamin für wohlige Wärme und Gemütlichkeit.

BAREFOOT HOTEL
Timmendorfer Strand, Deutschland

Entspannungssuchende aus aller Welt können im Barefoot Hotel Timmendorfer Strand bei Long-Island-Charme die eigenen Batterien aufladen – und die ihres Elektroautos natürlich gleich mit!

Hotelinfo:

Barefoot Hotel
Timmendorfer Strand
Schmilinsky Straße 2
D-23669 Timmendorfer Strand
Tel.: +49 4503 76 09 1000
Mail: reservierungsanfrage @barefoothotel.de
Web: www. barefoothotel.de

Ladeinfrastruktur:

2 Tesla DeC (nur Tesla)
1 Tesla DeC (alle EVs)

Gerade mal 200 m von der Ostsee entfernt, liegt das Barefoot Hotel Timmendorfer Strand. Beim Blick auf das Hotel mit seinen hölzernen Veranden und Balkonen fühlt man sich jedoch eher an den Atlantik bei den Hamptons auf Long Island oder an den Pazifik vor Malibu versetzt, so „American beach town" wirkt das Hotel. Beim Design innen wie außen hat man offenbar das Flair dieser amerikanischen Sehnsuchtsorte miteinander zu vereinen gewusst. Das helle freundliche Gebäude strahlt einen naturverbundenen Chic aus und korrespondiert auch perfekt mit der Umgebung wie z. B. dem benachbarten (Kur-)Park.

Echte Wohlfühlatmosphäre

Die entspannte und familiäre Atmosphäre setzt sich im Inneren des Barefoot Hotel mit seinen 57 Zimmern und Suiten fort: Viel Holz, warme Pastellfarben, reine Wolle und Leinen dominieren, weiße Schaukelstühle auf den Veranden verführen dazu, sich ganz dem Moment hinzugeben. Schnell „ertappt" man sich dabei, dass man – passend zum Namen des Hotels – mit den Schuhen auch die Zwänge des Alltags abstreift und barfuß in den Urlaub eintaucht. Zum Genuss trägt natürlich auch die kulinarische Versorgung im Hotel bei. Angefangen von der Frühstückszeit, deren relativ spätes Ende um 11.30 Uhr bestimmt keinen Stress aufkommen lässt, über das erstklassige Restaurant mit regionalen Spezialitäten bis hin zu den exzellenten Weinen, die man abends auf der Terrasse oder in der Lounge vor dem offenen Kamin genießen kann.

Abgerundet wird das Konzept des Barefoot durch das feine Wellness- und Fitnessangebot mit Sauna und Spa-Bereich zum Verwöhnenlassen. Regelmäßig angebotene Yoga-Stunden laden die inneren Batterien auf. Im Barefoot Gym stehen verschiedene Geräte für Cardio- und andere Trainingsmöglichkeiten zur Verfügung. Und nach einigen erholsamen Tagen kann es durchaus passieren, dass man seine Schuhe partout nicht mehr anziehen will.

> *Mrs T:* „Die Einrichtung ist perfekt inszeniert und löst dank Naturfarben und -materialien sofort ein besonderes Wohlgefühl aus."

↑ Bequeme Korbstühle und die hellen Stoffe von Teppichen, Vorhängen und Bezügen sorgen für eine freundliche Atmosphäre.

↑ Ähnlichkeiten mit den Hamptons auf Long Island sind nicht zufällig – denn eine Verbindung des US-Ostküsten-Chics mit der lässigen Lebensart auf der Pazifikseite der Staaten ist das erklärte Konzept von Til Schweigers Barefoot Hotel.

Insight Barefoot Hotel

Es war wohl Liebe auf den ersten Blick: Til Schweiger sah ein Foto mit einem Gebäude etwa aus der Zeit der Jahrhundertwende 1900 – ein altes Haus wie in den Südstaaten der USA mit Holzbalkonen. Bald war seine Entscheidung gefallen, und nach aufwendigen Umbaumaßnahmen ist hier jetzt wieder ein Hotel entstanden, wie es am Meer sein sollte. Viel Holz, warme Naturtöne, organische Haptik bei allen Oberflächen. Es geht um das ganzheitliche Lebensgefühl, dafür steht das Konzept von Til Schweiger – authentisch, charakteristisch und nachhaltig.

Unkomplizierte gediegene Qualität prägt auch die übrigen Facetten des Hotels, wie den Wellnessbereich und die zum Teil mit ↑ großzügigen Balkonen ausgestatteten Zimmer.

IN UND UM TIMMENDORFER STRAND
Deutschland

Mondäne Bäder, alte Städte und ein bezauberndes Hinterland an der Ostsee

Ein Besuch an der Ostsee ist auch eine Zeitreise zurück ans Ende des 19. Jahrhunderts mit den Grandhotels der Belle Époque und noch weiter in die Zeit des florierenden Handels der Hansestädte. Doch flugs geht es im Vogelpark, im Hochseilgarten oder Sea Life zurück ins Jetzt.

to celebrate

Seit den ersten Konzerten 1986 hat sich das Schleswig-Holstein Musik Festival zu einer der größten Sommerveranstaltungen für klassische Musik in Europa entwickelt. Grundidee war und ist, die Aufführungen auf viele verschiedene Orte zu verteilen und auch Spielstätten wie Gutshäuser, Schlossparks oder sogar Werften auszuwählen. Der Schwerpunkt liegt auf einer jährlich wechselnden Komponisten-Retrospektive, die durch einen heutigen Musiker ergänzt wird, der oder die als „Porträtkünstler" den Festivalsommer in Schleswig-Holstein verbringt.
Schleswig-Holstein Musik Festival
www.shmf.de
Juli–August

Sea Life Timmendorfer Strand (ca. 0,5 km)

Zwischen der Ostsee und der Kurpromenade liegt das Sea Life Timmendorfer Strand. Das Aquarium ist 1500 m² groß und zeigt über 2500 Tiere, die in verschiedenen Lebensbereichen zu Hause sind. So gibt es etwa einen Winterfjord, ein Hafenbecken, eine Seegraswiese, eine Felsengrotte und einen tropischen Ozean, durch den ein gläserner Unterwassertunnel führt. Zu verschiedenen Zeiten des Tages finden Fütterungen statt – von Ottern, Rochen und Haien, ja sogar von Piranhas, die im Gewässer eines kleinen Regenwaldes leben. Wen es daraufhin selbst etwas hungert, der besucht einfach im Sea Life das kleine Restaurant mit Ostseeblick.

Lübeck (ca. 20 km)

Die „Königin der Hanse" – wie Lübeck auch genannt wird – liegt etwa eine halbe Autostunde vom Hotel entfernt nach Süden. Die auf einer Insel inmitten der Trave gelegene mittelalterliche Altstadt ist von zahlreichen Bauten im Stil der Backsteingotik geprägt, darunter das 1478 vollendete Holstentor mit seinen beiden massiven Wehrtürmen und die Marienkirche aus dem 13. bis 14. Jahrhundert. Insgesamt stehen etwa 1800 Gebäude unter Denkmalschutz, und die Altstadt als Gesamtensemble ist seit 1987 UNESCO-Weltkulturerbe. Angesichts von Jahrhunderten als Hauptstadt der Hanse, einem Städtebund

Mr T: „Entlang der schön ausgebauten Strandpromenade geht man locker ein paar Stunden, am besten bis Travemünde."

von Kaufleuten, verwundert es auch nicht, dass sich in Thomas Manns 1901 erschienenem Gesellschaftsroman „Buddenbrooks" die Handlung um eine Lübecker Kaufmannsfamilie dreht. Das Altstadthaus seiner Großeltern beherbergt heute als „Buddenbrookhaus" ein sehenswertes Literaturmuseum.

Waldhochseilgarten Scharbeutz (ca. 2 km)

Im Kammerwald hinter dem Strand der Ostsee liegt der Waldhochseilgarten Scharbeutz, zu dem man vom Hotel aus eine knappe halbe Stunde läuft. Von Frühjahr bis Herbst kann man hier bei gutem Wetter drei verschiedene Parcours zwischen den Bäumen bezwingen.

Ihre maximale Höhe steigt von 2,50 m über 9,50 m auf 15,50 m an, sodass für – vielleicht nicht ganz schwindelfreie – Einsteiger bis Profis das Passende geboten ist. Über Baumstämme, Wackelbrücken, Netze, Wippen und Seilbahnen geht es durch die Wipfel, es muss balanciert, geschwungen und gesprungen werden – immer natürlich professionell mit festem Schuhwerk, Handschuhen und einem Kombigurt gesichert.

Travemünde (ca. 13 km)

Von Timmendorfer Strand fährt man in etwa 20 Minuten nach Travemünde – es ist aber auch eine gute Entfernung für eine ausgiebige Wanderung direkt entlang des Strands oder in einigen Abschnitten alternativ auf dem 10 bis 20 m hohen Brodtener Steilufer. Das 1187 gegründete Travemünde ist seit 1913 ein Stadtteil von Lübeck und hat heute zwei Gesichter: ein eher mittelalterliches rund um die Travepromenade, die Alte Vogtei im Stil der Backsteinrenaissance und die markante St.-Lorenz-Kirche sowie ein maritim-mondänes rund um die Seepromenade, den Alten Leuchtturm und das weiße Maritim-Hotel. In der Trave vor Anker liegt die imposante Viermastbark „Passat" mit ihren 56 m hohen Masten und wartet auf eine Besichtigung. Für die Wanderer geht es dann zurück mit dem Bus.

Vogelpark Niendorf Timmendorfer Strand (ca. 5 km)

Nur zehn Minuten braucht das Auto zum Vogelpark Niendorf Timmendorfer Strand, der ganzjährig geöffnet ist. Das etwa 70 000 m² große Areal liegt in einer Schilflandschaft nahe des Naturschutzgebiets Aalbeek-Niederung und gilt als das natürlichste seiner Art in Deutschland. Im Vogelpark leben um die 1000 Vögel aus 250 Arten, darunter bekannte wie Flamingos, verschiedene Eulen, aber auch weniger bekannte wie Mandschurenkraniche, Goliathreiher und Doppelhornvögel.

↑ Der Lübecker Bürgerstolz spiegelt sich im Abendlicht in der Trave. Die typischen Treppengiebel dominieren die Fassaden der historischen Häuser, von denen nicht wenige inzwischen als Museum fungieren.

↑ Sommerurlaub an der Ostsee mit Strandkorb im feinen Sand – viele stellen sich so ihre Sommerferien vor. Dementsprechend gut besucht sind die Strandabschnitte nördlich von Lübeck, insbesondere im Bereich des „legendären" Timmendorfer Strand.

Ein dichtes Wegenetz auf beiden Ufern des Dweerbeeks erschließt die verschiedenen Volieren, Vogelschutzhäuser und Teiche sowie die große Freiflugvoliere mit Reihern, Löfflern und Sichlern für die Besucher.

↑ Alle Zimmer (hier das mit Namen „Paris") und Wohnungen im sevenoaks sind individuell und mit viel Geschmack eingerichtet – so fällt es leicht, sich „wie zu Hause" zu fühlen.

SEVENOAKS HOTEL
Cloppenburg, Deutschland

Das sevenoaks Hotel im niedersächsischen Cloppenburg zeigt eindrucksvoll, dass man mit Kreativität und Stilsicherheit aus einem schlichten Bürogebäude auch einen kleinen Design-Traum machen kann.

Hotelinfo:

sevenoaks Hotel
Museumstr. 8
D-49661 Cloppenburg
Tel.: +49 447 18 50 58 45
Mail: info@
sevenoakshotel.de
Web: www.
sevenoakshotel.de

Ladeinfrastruktur:

2 Tesla DeC (nur Tesla)
1 Tesla DeC (alle EVs)

Zu Gast bei Freunden – in der Ferne daheim" lautet das Motto des kleinen Designhotels sevenoaks in Cloppenburg, das im März 2015 eröffnet hat. Dies fängt bereits an der Rezeption an, die schlicht und einfach aus einem Schreibtisch besteht – wenngleich es ein Thonet-Klassiker ist, den Marcel Breuer gestaltet hat. Auch der Frühstücksbereich mit dem großen Esstisch für 14 Personen und der Aufenthaltsbereich mit dem gemütlichen Kamin und der gut gefüllten Bücherwand wirken viel mehr wie ein Privathaus als wie ein klassisches Hotel und bestechen durch Liebe zum Detail sowie eine harmonische Mischung aus Alt und Neu. Dies gilt auch für die gerade einmal elf Zimmer, von denen keine zwei gleich eingerichtet sind, wenn man von den hochwertigen Coco-Mat-Naturbetten einmal absieht. Stattdessen hat der Gast die „Qual der Wahl", ob er designmäßig lieber in Mexiko oder Asien, in Paris oder New York, im Regenwald oder in Frankreich, in den Hamptons oder der Karibik, im Orient, in Afrika oder den Alpen die Zeit „from dusk till dawn" verbringen will. Ganz wie im Haus von Freunden gibt es auf den Zimmern auch keine Minibar – man geht stattdessen einfach zum Gästekühlschrank oder an die Espressobar (und notiert den Verzehr auf einem Block).

> Mrs T: „Dem sevenoaks ist es gelungen, die ganze Welt kreativ und stilvoll in seine Zimmer zu holen."

Abstecher nach Ibiza oder Nantucket

Ergänzt wird das Zimmerkonzept des sevenoaks durch sieben Zweiraumwohnungen mit Namen wie „Ibiza" oder „Nantucket", „Saltkrokan" oder „Uppsala", „Flandern", „Rimini" oder „Little Britain". Auch diese „Hideaways" sind wieder individuell eingerichtet, jeweils etwa 60 m² groß und mit Waschmaschine, Trockner und Küche komplett ausgestattet, sodass auch einer oder zwei Urlaubswochen mit der ganzen Familie oder einem längeren geschäftlichen Aufenthalt nichts im Wege steht. Falls die An- und Abreise dabei mit einem E-Auto erfolgt, stehen beim sevenoaks drei Tesla Destination Charger zur Verfügung. Sie beziehen ihre nachhaltig erzeugte Energie auch von den Solaranlagen auf dem Gebäudedach, Photovoltaikanlagen und Eisspeichern.

↑ Auf der sonnigen Terrasse sitzen – einfach zum Relaxen mit einem guten Buch in der Hand oder schon zum Frühstück, das man hinzubuchen kann.

IN UND UM CLOPPENBURG
Deutschland

Aktiv erholen im Oldenburger Münsterland

Erstaunlicherweise liegen weder Oldenburg noch Münster innerhalb des Oldenburger Münsterlandes, aber sie begrenzen die Region im Norden und Süden. Geest- und Moorlandschaften, Wälder und viele Seen prägen das Bild der ruhigen, zur Entspannung einladenden Gegend.

Museumsdorf Cloppenburg (2 km)

Auch wenn die Adresse des Hotels Museumstraße 8 lautet, zum Museumsdorf Cloppenburg – Niedersächsisches Freilichtmuseum sind es zu Fuß ca. 20 Minuten. Das Museum ist eines der ältesten seiner Art und widmet sich den ländlichen Baudenkmälern und der Alltagskultur des Bundeslandes. An die 60 historische Gebäude – darunter niederdeutsche Hallenhäuser und ostfriesische Gulfhäuser – sind zu sehen. Auch ein Schulgebäude und eine Fachwerkkirche wurden in Teilen hergebracht und wieder aufgebaut. Ebenso verfuhr man mit mehreren regionalen Windmühlen. Mit Huf- und Wagenschmiede, Holzschuhmacherei und Sattlerei sowie anderen Betriebsräumen dokumentiert das Museumsdorf auch früher weitverbreitete Berufe. Verschiedene Handwerker zeigen den Besuchern dabei traditionelle Arbeitsweisen.

Quakenbrück (ca. 15 km)

Über 100 historische Fachwerkhäuser aus unterschiedlichen Jahrhunderten prägen die Altstadt von Quakenbrück, das etwas im Süden liegt. Das 1235 ertmals urkundlich erwähnte Quakenbrück diente zunächst dem Schutz der bischöflichen Landesburg, später war es ein Mitglied der Hanse. Aus der Zeit der Stadtgründung stammt das Wahrzeichen der Stadt, die Sylvesterkirche mit ihrem markanten, oben runden Turm. Die Marienkirche wurde im 17. Jahrhundert auf den Fundamenten eines Burgmannshofes errichtet, ihr neogotischer Turm sogar erst 1873 fertiggestellt. Von Quakenbrücks fünf früheren Stadttoren steht heute nur noch die gotische Hohe Pforte von 1485.

Mr T: „Sogar der saubere Strom für unser Auto wird vom Hotel sevenoaks selbst erzeugt – RESPEKT!"

↑ Spätestens wenn die toll inszenierten Köstlichkeiten aus der Sterneküche Alexander Koppes auf dem Tisch im Skykitchen stehen, weiß man schier nicht mehr, ob man lieber das Berlinpanorama oder das Kunstwerk auf dem Teller ansehen soll.

VIENNA HOUSE ANDEL'S BERLIN

Berlin, Deutschland

Das Vienna House Andel's Berlin bietet im aufregenden Osten Berlins „Bleisure" – die perfekte Mischung aus Business und Leisure. Hier fühlen sich Freizeitgäste ebenso wie Geschäftsreisende zu Hause.

Hotelinfo:

Vienna House
Andel's Berlin
Landsberger Allee 106
D-10369 Berlin
Tel.: +49 30 4530530
Mail: info.andels-berlin
@viennahouse.com
Web:
www.viennahouse.com

Ladeinfrastruktur:

1 Tesla DeC (nur Tesla)
3 Typ-2-Steckdosen
(alle EVs)
(eigenes Ladekabel
wird benötigt)

Gute 15 Minuten vom Alexanderplatz und gerade einmal 50 m von der nächsten S-Bahn-Station entfernt, ist das Vienna House Andel's Berlin ein Ort der Nachhaltigkeit in modernem Design, den man gern ansteuert. Das Vier-Sterne-Superior Hotel besitzt 557 Zimmer und Suiten sowie 4400 m² Konferenz- und Eventfläche, aber man legt durchaus Wert auf eine ökologische Ausrichtung. Leicht kommt man „öffentlich", mit dem Fahrrad oder dem E-Scooter in die Stadtmitte, in der Tiefgarage wartet die Ladestation darauf, das E-Mobil mit Strom zu versorgen.

> Mr T: „Berlin lässt sich vom Hotel aus gut mit öffentlichen Verkehrsmitteln erkunden. Wer mag, kann auch auf E-Scooter oder Fahrrad umsatteln."

↑ Zur Nachhaltigkeit gehört natürlich auch die Ladestation fürs E-Mobil in der Tiefgarage des Hotels.

Das Hotel betreibt sogar einen eigenen Bauerngarten, dessen Erzeugnisse den Restaurantküchen zugute kommen. Die Zimmer und Suiten selbst sind klassisch in Schwarz-Weiß gehalten, das durch leuchtende Farbakzente abgerundet wird.

Restaurants und Bar – ganz auf der Höhe

Beim Essen fällt die Auswahl zwischen den drei Restaurants und Bars nicht leicht: Im Skykitchen steht französische Sterneküche mit asiatischem Einschlag und Berliner Tradition auf dem Menü – kommt der Küchenchef doch selbst aus der Hauptstadt. Zugleich genießt man vom Skykitchen aus einen Panoramablick über Berlin – ebenso wie vom Loft14 aus. Dies ist die stylische Bar des Hauses, in der man sich entweder einen klassischen Martini oder einen der neuen Berliner Mixology-Cocktails bestellen kann. Das Mavericks schließlich entführt den Gast kulinarisch und vom Design her an die sonnigen Surferstrände Kaliforniens – selbst dann, wenn der Himmel über Berlin nicht blau ist.

Auch Wellness und Workout kann man im Vienna House Andel's Berlin gut verbinden: Auf 550 m² bietet das Hotel eine SpaSphere mit Bio-Sauna, finnischer Sauna, Dampfbad und Whirlpool sowie zahlreiche Anwendungen wie Anti-Stress-Ganzkörpermassagen und natürlich modernste Fitnessgeräte. Eigentlich schade also, dass ausschließlich die menschlichen Gäste in den Genuss davon kommen und der Tesla „nur Strom nachladen darf".

↑ Es gibt ja so viel zu sehen in Berlin – aber wer auf der Terrasse des Vienna House Andel's Berlin liegt und einen Drink genießt, hat ja alles im Blick, da darf man auch mal relaxen.

Insight Vienna House Andel's Berlin

Es ist nicht alltäglich, dass ein Businesshotel dem Thema Nachhaltigkeit so viel Aufmerksamkeit widmet wie das Vienna House Andel's Berlin. Alle technischen Einrichtungen werden mit 100 % Strom aus erneuerbaren Energien betrieben. Seit 2011 wurde das Hotel mehrfach mit dem Green-Globe-Zertifikat ausgezeichnet und durchläuft alle zwei Jahre die Prüfung in über 380 Kriterien. Auch der Gast wird freundlich gefragt, ob er mithelfen will. Wer das „Umweltsäckchen" an die Zimmertür hängt, verzichtet auf die Tagesreinigung seines Zimmers und spart somit Ressourcen. Als Dank erhält man eine „grüne Gratis-Überraschung" wie z. B. einen Bio-Apfel.

Das Hotel legt Wert darauf, die Umwelt nicht zu belasten. Wer ein Umweltsäckchen an die Tür hängt, verzichtet einmal auf die ↑ Zimmerreinigung. Gemütlichkeit und Design werden aber genauso großgeschrieben.

IN UND UM BERLIN
Deutschland

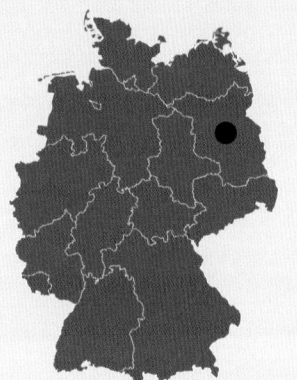

Deutsche Geschichte im Brennglas

Berlin ist nicht die älteste Stadt Deutschlands – im Mittelalter spielte sie keine große Rolle –, aber seit dem Aufstieg Preußens kulminiert die deutsche Geschichte in dieser quicklebendigen Kapitale. Unendlich die Zahl der Sehenswürdigkeiten, bewegend die Zeugen der Geschichte, etwa vom Glück des Mauerfalls 1989.

Museumsinsel (ca. 4 km)

Mitten in Berlin-Mitte liegt die Museumsinsel. Sie zählt heute mit ihren fünf bedeutenden Museen, die in den Jahren 1830 bis 1930 entstanden, zum UNESCO-Welterbe. Läuft man am Dom vorbei nach Norden, erreicht man zunächst das Alte Museum mit der Antikensammlung. Jenseits des Kolonnadengangs folgen dann links das Neue Museum mit Exponaten aus Ägypten wie z. B. der berührenden Nofretete-Büste und rechts die Alte Nationalgalerie, die dem 19. Jahrhundert gewidmet ist. Den Abschluss des Areals bilden dann das U-förmige Pergamonmuseum, das unter anderem originale antike Bauten aus Vorderasien zeigt, sowie das Bode-Museum mit markanter Kuppel und seiner Skulpturensammlung sowie Exponaten aus byzantinischer Zeit.

Hackesche Höfe (ca. 3 km)

Nicht weit vom Alexanderplatz liegt eines der schönsten baulichen Ensembles des frühen 20. Jahrhunderts in Berlin: die Hackeschen Höfe. Die 1906 entstandene Anlage umfasst insgesamt acht Höfe, um die herum sich etwa 27000 m² Gewerbe- und Wohnfläche gruppieren. Außen im Stil des wilhelminischen Eklektizismus gehalten, überraschen einige der Höfe innen mit fantasievollen Jugendstil-Elementen. Bereits 1977 von der DDR unter Denkmalschutz gestellt, wurden die Hackeschen Höfe Mitte der 1990er-Jah-

Mrs T: „Schöner als vom Skykitchen im Sixties-Design aus kann man den Himmel über Berlin wohl kaum sehen!"

re aufwendig saniert und beherbergen heute – wie schon zur Zeit ihrer Entstehung – zahlreiche kleinere Firmen sowie gastronomische und kulturelle Einrichtungen wie das Hackesche-Höfe-Kino und das Varieté Chamäleon.

Gedenkstätte Berliner Mauer (ca. 5 km)

Die Gedenkstätte Berliner Mauer erinnert an die Teilung der Stadt zwischen dem Mauerbau ab dem 13. August 1961 und dem Fall der Mauer am 9. November 1989. Dazu wurde ein 70 m langer Abschnitt der Original-Betonmauer samt Grenzstreifen und Original-Wachturm wieder errichtet, der von der Plattform des Dokumentationszentrums gegenüber betrachtet werden kann.

Berliner Currywurst (ca. 4 km)

Ist die Currywurst in Berlin eine Sehenswürdigkeit? Jedenfalls muss man sie mal gegessen haben, sie wird in Berlin-Mitte an vielen Ständen angeboten – fast kommt man gar nicht drum herum. Wer sie mit Stil zu sich nehmen will, pilgert zu Konnopke's Imbiss unter dem U-Bahn-Viadukt in der Schönhauser Allee. Er ist Kult, seit hier die Currywurst 1960 erstmals in der DDR angeboten wurde.

Schloss Charlottenburg (ca. 12 km)

Schloss Charlottenburg ist mitsamt dem barocken Schlosspark ein prachtvolles Ensemble im Nordwesten von Berlin. Es basiert auf einem kleinen Schloss von 1699, das Sophie Charlotte von Hannover gehörte, der Gattin des letzten Kurfürsten von Brandenburg Friedrich III., dem späteren ersten preußischen König Friedrich I. Nach ihrem frühen Tod 1705 wurde das Schloss Charlottenburg getauft und von diversen Herrschern bis 1797 erweitert. Mit dem Pavillon von 1824/25 nahe der Hauptfassade waren die Bautätigkeiten dann abgeschlossen. Vom Schloss aus ist es nur ein kleiner Weg raus ins grüne Havelland, das man bei einer Spritztour z. B. bis nach Spandau mit Besuch der berühmten Zitadelle kennenlernen kann.

Jüdisches Museum Berlin (ca. 6 km)

Das Jüdische Museum Berlin befindet sich im Stadtteil Kreuzberg. Europas größtes jüdisches Museum thematisiert über 1700 Jahre deutsch-jüdischer Geschichte. Die Dauerausstellung ist im zickzackförmigen Erweiterungsbau von Daniel Libeskind untergebracht, der nur unterirdisch mit dem barocken Altbau, durch den man das Museum betritt, verbunden ist. Außerhalb dieses Gebäudes liegen der Garten des Exils mit seinen 49 Betonstelen, auf denen 49 Ölweiden in Erde aus Israel und aus Berlin gepflanzt sind, sowie der beklemmende, innen fast lichtlose

↑ Ernst: Viel diskutiert und überwiegend bewundert wurde und wird Daniel Libeskinds Erweiterungsbau des Jüdischen Museums. Der Architektur gelingt es, praktischen und ästhetischen Ansprüchen zu genügen und zugleich den Charakter eines Mahnmals zu wahren.

↑ Verspielt: Putten grüßen den Besucher im Park von Schloss Charlottenburg – wie Jahrhunderte zuvor auch Friedrich den Großen, der das Schloss für einige Jahre zu seiner Hauptresidenz gemacht hatte, bevor er ins ruhigere Potsdam umzog.

Holocaust-Turm, der an den Völkermord der Nationalsozialisten gemahnt. Die benachbarte W.-Michael-Blumenthal-Akademie enthält das Archiv und die Bibliothek des Museums.

↑ Auf der Spree tanzt der Molecule Man vor der Berliner Skyline.

↑ Exquisite Küchenkunst genießt der Gast im Gourmetrestaurant Schwarzer Adler, in dem Küchenchef Christian Baur perfekt mit seinem Vorgänger Anibal Strubinger harmoniert.

FRANZ KELLER SCHWARZER ADLER

Vogtsburg-Oberbergen im Kaiserstuhl, Deutschland

Eine kulinarische Hochburg ist der Schwarze Adler in Oberbergen.
Das Hotel mit mehreren Restaurants samt familieneigenem Weingut bietet
beste Voraussetzungen für erholsame Tage in Südbaden.

Hotelinfo:

Hotel Schwarzer Adler
Badbergstr. 23
D-79235 Vogtsburg-
Oberbergen
Tel.: +49 76629330-0
Mail:
keller@franz-keller.de
Web:
www.franz-keller.de

Ladeinfrastruktur:

2 Tesla DeC (nur Tesla)
1 Tesla DeC (alle EVs)

In Vogtsburg-Oberbergen kümmert sich die Familie von Fritz Keller seit über 100 Jahren persönlich um ihre Gäste. Seit 1969 ziert auch der Michelin-Stern die Küche des Gourmetrestaurants Schwarzer Adler, den Irma Keller als erste deutsche Köchin bekommen hat. So traditionsreich wie das Restaurant selbst ist, so spürbar ist auch der Einfluss der französischen Küche hier nahe der Grenze. Abgerundet wird das mehrgängige Spitzenmenü durch die exzellenten Weiß- und Rotweine aus dem hauseigenen Weingut, das Sohn Friedrich Keller leitet. Die Weinkarte mit 2700 Positionen ist herausragend. Teil des Stammhauses ist das Hotel Schwarzer Adler, in dem ebenso Gastfreundschaft auf höchstem Niveau geboten wird wie im benachbarten „Im Weinberg". Die Standard-, Deluxe- und Superior-Doppelzimmer des Hotels sind gediegen-modern im Design. Hypermodern hingegen ist der Destination Charger am Hotel, schließlich ist der Gastgeber selbst Tesla-Fahrer.

Mr T: „Das Weingut Franz Keller verbindet gekonnt moderne Architektur, kulinarischen Genuss und eine wunderbare Aussicht."

Winzer, Gastgeber, Weinhändler

Die Familie Keller fühlt sich dem Dreiklang „Winzer, Gastgeber, Weinhändler" verpflichtet, doch um die anderen dazugehörigen Destinationen anzusteuern, muss man nicht unbedingt in den Tesla steigen – ein kleiner Spaziergang durch den Ort genügt. Im bodenständigen und gemütlichen Winzerhaus Rebstock auf der anderen Straßenseite wird auf hohem Niveau herzhaft gekocht. Lokale Gerichte der badisch-elsässischen Küche und saisonale Spezialitäten wie etwa Löwenzahnsalat schmecken hier Einheimischen, Wanderern und Ausflüglern. Stylisch hingegen ist die KellerWirtschaft des 600 m entfernten, 2013 eröffneten Weinguts, dessen Bau die Terrassen der Kaiserstühler Weinberge widerspiegelt. Während man in der KellerWirtschaft das Flackern des offenen Kamins genießt und den Blick durch die Panoramafenster schweifen lässt, erfreuen den Gaumen ausgewählte Köstlichkeiten und Weine – nicht nur aus dem eigenen Haus. Wem Letztere besonders gut schmecken, der kauft am besten gleich ein paar Flaschen davon in der Vinothek.

↑ Ein Besuch des Weinguts muss unbedingt sein, der frisch aufgeladene Tesla fährt dann anschließend ein paar „Trophäen" nach Hause.

Insight Franz Keller Schwarzer Adler

Im Weingut Franz Keller treffen Fritz und Friedrich Keller alle wichtigen Entscheidungen gemeinsam. Ihr Anliegen ist der Anbau ausdrucksreicher Burgunderweine. Zu den vielen Details, die einem perfekten Wein zugrunde liegen, gehört hier auch die Pflege der uralten Kleinterrassen und Steillagen. Daneben zählt die Weinkultur des nahen Frankreichs zu den Leitgedanken der Kellers beim Ausbau ihrer Weine. Eigen ist ihnen ein kompromissloses und konsequentes Qualitätsbewusstsein. Ein umweltgerechter, schonender Weinbau und die Ertragsreduzierung führen zu ebenso frischen, fruchtigen wie komplexen, mineralischen und gehaltvollen Spitzenweinen.

↑ Die historischen Weinberge der Oberbergener Bassgeige liegen den Gästen hinter den Panoramafenstern der KellerWirtschaft direkt vor Augen. Im Sommer wird einmal pro Woche auf der Terrasse gegrillt.

IN UND UM VOGTSBURG
Deutschland

Wo Deutschland etwas französisch is(s)t

Nicht nur klimatisch ist der äußerste Südwesten Deutschlands begünstigt, auch kulinarisch findet man kaum sonstwo so viele Sterne, Hauben oder eben einfach ausgezeichnete Küchen wie hier rund um Freiburg. Dabei „nützt" offenbar der Einfluss der nahen, jenseits des Rheins beheimateten französischen Haute Cuisine.

Freiburg im Breisgau (ca. 20 km)

Nach Süden geht es in die südlichste Großstadt Deutschlands, nach Freiburg im Breisgau. Dass in der im Mittelalter entstandenen Stadt bereits 1457 die Albert-Ludwigs-Universität gegründet wurde, merkt man bei einem Rundgang durch die von kleinen „Bächle" (Wasserrinnen) durchzogene Altstadt mit ihren zahlreichen Cafés und Lädchen sogleich. Überragt wird das nach 1945 in den historischen Dimensionen wieder aufgebaute Zentrum vom gotischen Münster mit dem 116 m hohen Turm. Am Münsterplatz liegt prominent das ochsenblutrote Historische Kaufhaus mit seinen lebensgroßen Figuren von Habsburgerkaisern, und rund um das Münster findet unter der Woche vormittags ein malerischer Markt statt. Noch höher als der Dom ist der zum Stadtgebiet gehörende und über eine Seilbahn erreichbare 1284 m hohe „Hausberg" Schauinsland.

Vitra Design Museum (ca. 70 km)

In Weil am Rhein liegt das Vitra Design Museum des gleichnamigen Herstellers von Designermöbeln. Der von Frank O. Gehry entworfene Bau war das erste seiner Gebäude in Europa und wurde Ende 1989 eröffnet. Seither sind Teile der umfangreichen Sammlungsbestände an Möbeln und Innenausstattungen im Rahmen von Wechselausstellungen zu sehen, die das Leben und Werk von

Mrs T: „Im Winter werden in der KellerWirtschaft Konzerte angeboten, im Sommer auf der Terrasse Grillfeste gefeiert."

(Industrie- oder Möbel-)Designern und Architekten vorstellen – und sich wie das „Who's who" der Branche lesen. So gab es Retrospektiven zu Charles und Ray Eames, Verner Panton, Marcel Breuer, Ludwig Mies van der Rohe, Frank Lloyd Wright und auch zu Frank O. Gehry, dem Architekten des Museums.

to celebrate

Auf der historischen Bahnstrecke der südbadischen Kaiserstuhlbahn verkehrt mehrmals im Jahr der Museumszug „Rebenbummler", etwa der „Spargelexpress" im Mai und Juni oder eine „Rollende Weinprobe" im September. Die teilweise über 100-jährigen Fahrzeuge haben es nicht eilig bei der Fahrt durch die schöne, vom Weinbau geprägte Landschaft. Der Zug ist bei frühzeitiger Planung auch für Veranstaltungen zu buchen.

Museumszug „Rebenbummler"
Kaiserstuhlbahn
www.eisenbahnfreunde-breisgau.de

↑ Offen, hell, elegant und modern – so präsentiert sich der Öschberghof seinen Besuchern schon in der weiträumigen Lobby und an der Rezeption.

ÖSCHBERGHOF

Donaueschingen, Deutschland

Am Rande des Schwarzwalds bietet der frisch umgebaute Öschberghof als Luxusresort alles, was das Herz von Golffreunden, Gourmets, Event-Fans und Spa-Liebhabern höherschlagen lässt.

Hotelinfo:

Öschberghof
Golfplatz 1
D-78166
Donaueschingen
Tel.: +49 77184-0
Mail: info@
oeschberghof.com
Web: www.
oeschberghof.com

Ladeinfrastruktur:

5 DeC (alle EVs)

Eingebettet in eine sanfte Hügellandschaft, liegt am Stadtrand von Donaueschingen der Öschberghof, ein weitläufiges Fünf-Sterne-Superior-Resort, das über die A 81 schnell erreichbar und zugleich ein guter Ausgangspunkt für Abstecher in den nahen Schwarzwald ist. Außen wie innen mit viel Holz erbaut, bietet der Öschberghof seinen Gästen exquisite, modern gestylte Zimmer und Suiten, durch deren große Panoramafenster der Blick auf das satte Grün des angrenzenden Golfplatzes geht. Für das leibliche Wohl ist bestens gesorgt. Insgesamt vier Restaurants und Bars gehören zum Öschberghof, von denen das ÖSCH NOIR im Haupthaus die Kulinarik auf ein neues Niveau hebt: Die Küche von Manuel Ulrich überzeugt durch exzellente französische Speisen mit modernen Einflüssen, zu denen Chefsommelier Michael Häni einen von 700 exklusiven Weinen empfiehlt. Rustikaler geht es in der Öventhütte zu. Etwas abseits unter Schwarzwaldtannen gelegen und im Stil einer Berghütte eingerichtet, gibt es hier deftige Speisen wie eine Vesper oder auch Bratwürste.

Mr T: „‚Ja, do legst di nieder!' – auch wenn die Öventhütte mit ihrem großen Freiluftgrill nicht in den bayerischen Bergen gelegen ist."

Ein Wellnessparadies

Entspannung findet man dann im 5000 m² großen „ÖSCH SPA". Es ist in vier verschiedene Entspannungsbereiche aufgeteilt: Sie heißen Harmony, Energy, Asia und Lady SPA. Letzterer ein Rückzugsort exklusiv für weibliche Gäste. Im Harmony Spa spenden eine Salzsteinwand sowie die Microsalt-Anlage wohltuende Vitalität und Frische. Die salzhaltige Luft reinigt die Atemwege und kann bei Allergiebeschwerden helfen. Das Energy Spa umfasst die Saunen des Hauses, die 36 m² große Eventsauna und die 360°-Sauna mit vollverglastem Rundumblick. Dazu gesellen sich eine Infrarotkabine und ein Dampfbad, außerdem Erlebnisduschen und eine Eislounge, die die perfekte Abkühlung nach dem Saunieren bieten. Auch im Asia Spa stehen Sauna, Dampfbad sowie ein Onsenbecken zur Verfügung – das Ganze im Ambiente fernöstlicher Innenarchitektur mit Lampions und Bambussäulen.

↑ Am ganzjährig beheizten Infinity-Außenpool mit Sole kann man auch im Winter die selteneren Sonnenstunden genießen.

↑ Zum seit Mai 2017 bestehenden 18-Loch-East-Course gehören sechs Teiche, zudem sind ein Bachlauf und seine Auenlandschaft in die Konzeption der Anlage integriert worden. Von Loch 10 genießt man einen spektakulären Blick bis zum Feldberg.

Insight Öschberghof

Die Architektur im Fine Dining-Restaurant des Hotels, dem ÖSCH NOIR, bietet eine moderne Interpretation der Schwarzwaldtradition. Die Küche von Chef Manuel Ulrich setzt auf exzellente französische Speisen mit modernen Einflüssen. Dem ausgezeichneten Menü stellen die Weinempfehlungen von Chefsommelier Michael Häni adäquate Tropfen zur Seite, die das Geschmackserlebnis perfekt abrunden. Aus über 700 nationalen und internationalen Weinen wählt man mit Häni den richtigen aus, wobei der Sommelier neben bekannten Winzern und großen Weinlagen viele persönliche Neuentdeckungen empfehlen kann. Hier findet jeder seinen Lieblingswein.

5000 m² Fläche nimmt der Spa-Bereich des Hotels ein, man kann aber auch schon in den großzügig eingerichteten Zimmern und ↑ Suiten perfekt entspannen. Abgerundet wird der Aufenthalt dann auf Wunsch in der gehobenen Gastronomie des ÖSCH NOIR.

IN UND UM DONAUESCHINGEN
Deutschland

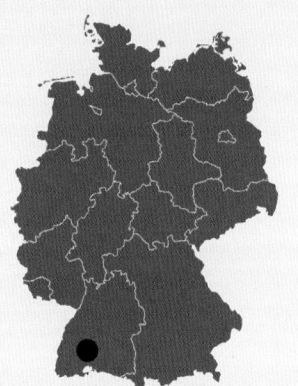

Wo Breg und Brigach sich zur Donau vermählen

Zwischen Schwäbischer Alb und Schwarzwald liegt Donaueschingen, wo sich die beiden Quellflüsse der Donau vereinigen. Ausflüge in die umliegenden Mittelgebirge liegen also nah, auch wenn die Stadt selbst schon einiges zu bieten hat.

Fürstlich Fürstenbergischer Park (4 km)

Im Stadtzentrum von Donaueschingen liegt der Fürstlich Fürstenbergische Park, auch Schlosspark Donaueschingen genannt. Die weitläufige Anlage entstand um 1820 im damals beliebten Stil französischer und englischer Landschaftsparks im sumpfigen Bereich der Brigach. Unter dem Motto „Einst den Fröschen, jetzt der Gesundheit" stand der Park neben dem Fürstenhaus im nahen Barockschloss allen Bürgern offen. Ein guter Anfangs- oder Endpunkt für einen Spaziergang durch die Anlage mit dem Lessingdenkmal und dem Fischhaus im Stil eines griechischen Tempels ist die rund eingefasste Donauquelle am Schloss. Als Quelle des bereits nach 100 m in die Brigach mündenden Donaubachs ist sie neben dieser und dem anderen großen Quellfluss Breg einer der Ursprünge der Donau.

Museum Art.Plus (ca. 4 km)

Donaueschingens Museum Art.Plus liegt unweit des Schlosses ebenfalls an der Brigach. Es zeigt in einem klassizistischen Gebäude von 1841 eine kleine, aber fein kuratierte Anzahl von Exponaten zeitgenössischer Kunst, zu der auch Großplastiken im Garten am Flussufer zählen. Neben der jährlich wechselnden Gruppenausstellung gehört es zum Konzept des Museum Art.Plus, zusätzlich drei Einzelausstellungen pro Jahr zu zeigen. Da dabei sowohl Werke von bereits international bekann-

Mrs T: „Der Öschberghof zählt schon seit vielen Jahren zu meinen absoluten Lieblings-Wellnesshotels."

ten Künstlerinnen und Künstlern gezeigt werden als auch das kreative Schaffen aus der näheren Umgebung zur Geltung kommt, bietet sich den Besuchern stets ein neues inspirierendes Portfolio.

Villingen (ca. 18 km)

Der badische Teil der durch die Gemeindereform 1972 entstandenen Doppelstadt Villingen-Schwenningen besitzt eine gut erhaltene mittelalterliche Altstadt. Sie wird durch ein großes Straßenkreuz in vier Stadtviertel gegliedert – das typische städtebauliche Merkmal einer Zähringerstadt – und von einer fast vollständigen Stadtmauer mit stattlichen Toren wie dem Oberen Tor, dem Riettor oder

to celebrate

Der Rottweiler Narrensprung bildet den Höhepunkt der Schwäbisch-Alemannischen Fasnet in der Stadt, die 32 km in Richtung Stuttgart liegt: Mit dem 8-Uhr-Glockenschlag springen am Fasnetsmontag die Narren durch das Schwarze Tor der Altstadt. Neben dem freundlichen Gschell mit seiner glatten Larve (Maske) sind auch der grimmig blickende Biss dabei, der Schantle mit seinem Rupfenanzug oder der Federahannes, der im mit Federn geschmückten Mantel über seinen großen Stock springt. Der Narrensprung wird am Dienstag um 8 und 14 Uhr wiederholt. Und zu allen drei Terminen müssen die Zuschauer auf der Hut sein, dass sie nicht von den Narren für städtische Vorkommnisse des letzten Jahres aufgesagt (gerügt) werden.

Rottweiler Narrensprung
www.rottweil.de
Fastnachtsmontag

↑ Was in der kunstvollen Rahmung mit Skulpturenschmuck im Fürstenbergischen Schlosspark als Donauquelle zutage tritt, ist Regenwasser, das hier aus dem Karstgestein „aufstößt". Der so entstehende Donaubach fließt sogleich in die Brigach, die sich nach weiteren 1400 m mit der Breg zur Donau verbindet.

dem Bickentor umrahmt. Im Inneren der Altstadt erheben sich das frühgotische Münster zu Unserer Lieben Frau aus dem 13. bis 15. Jahrhundert, das im 18. Jahrhundert barockisiert wurde, und das spätgotische Rathaus von 1534. Sehenswert sind auch das stadt- und regionalgeschichtliche Franziskanermuseum sowie das Zehndersche Haus, ein Fachwerkbau von 1690.

Nachhaltigkeit hat für den Betreiber der Anlage einen hohen Stellenwert, und er lässt den Platz daher vom Umweltmanagementsystem „Golf & Natur" des DGV zertifizieren.

Golfplatzanlage Öschberghof

Man muss kein Triathlet sein, aber etwas Kondition kann man auf dem Golfplatz des Öschberghof durchaus brauchen. Denn diese Anlage ist ein einzigartiger 45-Loch-Platz! Konditionssparend wurden allerdings die Abschlagplätze konzipiert, die alle maximal fünf Minuten vom Resort entfernt liegen. Der anspruchsvolle 18-Loch-Old-Course besteht bereits seit 1975 und liegt in einer Parklandschaft mit vielfältigen Gehölzen. Auch der 2017 eingeweihte East Course besitzt 18 Bahnen, von denen die Nummer 10 wegen ihres Panoramablicks bis hin zum Feldberg im Schwarzwald als die schönste gilt. Der 9-Loch-Academy-Course schließlich ist der Platz für eine schnelle Runde zwischendurch.

Triberger Wasserfälle (ca. 40 km)

Quasi im Herzen des Schwarzwalds liegen die Triberger Wasserfälle. Sie gelten als Deutschlands höchste und bekannteste Wasserfälle und sind seit dem Beginn des Tourismus in der Region vor über 150 Jahren ein beliebtes Ausflugsziel. Über zwei Kaskadenabschnitte und insgesamt 163 m stürzt hier die Gutach in die Tiefe, nachdem sie aus mehreren Quellbächen auf der Schönwalder Hochebene entstanden ist. Gut ausgebaute Wanderwege und zwei Holzbrücken erschließen die Wasserfälle und bieten zugleich immer wieder neue Perspektiven auf sie. Besonders spektakulär zeigen sich die Fälle, wenn sie bei der Schneeschmelze viel Wasser führen, und täglich abends, da sie bis 22 Uhr beleuchtet werden.

HOTEL MÜNCHEN PALACE

München, Deutschland

Das München Palace bietet alle Annehmlichkeiten, die man sich von einem großen Luxushotel wünschen würde, aber im exquisiten, schönen Boutique Stil, und es hat daher auch viele Stammgäste.

> Mrs T: „Der Stil des Hotels passt zu München, und wenn man Traditionen, Dirndl und Lederhosen mag, dann ist man hier ohnehin goldrichtig."

Hotelinfo:

Hotel München Palace
Trogerstr. 21
D-81675 München
Tel.: +49 89 41 97 1-0
Mail: info@hotel-muenchen-palace.de
Web: www.hotel-muenchen-palace.de

Ladeinfrastruktur:

2 Tesla DeC (nur Tesla)
1 Tesla DeC (alle EVs)

Das München Palace ist ein Boutique Hotel der Luxusklasse im Stadtteil Bogenhausen nahe dem Prinzregententheater. Hinter der eher unspektakulären Fassade eröffnet sich eine an Exklusivität kaum zu überbietende Oase inmitten der Stadt. Die 89 Zimmer – darunter 15 Suiten – sind mit viel Liebe zum Detail traditionell und sehr geschmackvoll eingerichtet, alle Materialien sind von exquisiter Qualität. Besonders schön ist der Blick in den romantischen und ruhigen Innenhof, in dem man bei schönem Wetter auch das leckere lokale und saisonale Frühstück genießen kann. Abends trifft man sich dann in der Palace Bar, die zu den schönsten Hotelbars in

München zählt und auch bei Nachtschwärmern beliebt ist, die z. B. vom Prinzregententheater kommen – alternativ auch im Palace Restaurant, in dem es Spezialitäten der Eigentümerfamilie Kuffler wie Rind vom Tegernsee gibt. Und überall im Haus merkt man, wie zuvorkommend sich das Hotelteam um seine Gäste kümmert. Auch wenn man das erste Mal zu Gast ist, wird man empfangen, als wäre man schon hundertmal hier gewesen.

IN UND UM MÜNCHEN
Deutschland

Wirtschaftsmotor mit Wohlfühlfaktor

Der Eindruck täuscht nicht: Tatsächlich füllen sich selbst im Winter bei Sonnenschein im Nu die zahlreichen Straßencafés der bayerischen Metropole – für eine sonnige Mittagspause, für erste Flirtversuche im neuen Jahr oder als Verschnaufpause zwischen Museumsbesuch, Altstadtbesichtigung und Shoppingtour durch die mondänen Geschäfte der Stadt.

Viktualienmarkt (ca. 3 km)

Der Viktualienmarkt liegt am Südostrand der Münchner Altstadt. Bereits seit 1807 werden hier an zahlreichen Ständen Lebensmittel verkauft – darunter Münchner Weißwürste, süßer Senf, Brezen und Radi (Rettich), sodass einer zünftigen bayerischen Brotzeit nichts im Wege steht. Noch einfacher ist es natürlich, sich in den kleinen Biergarten zu setzen und zur Brotzeit gleich ein kühles Bier zu bestellen. Das genießt man dann unter den wachen Augen lokaler Größen wie Karl Valentin, Liesl Karlstadt oder Weiß Ferdl, deren Figuren so lebensecht wirken, als könnten sie jederzeit von ihren Sockeln springen. Definitiv springen – genauer: in fantasievollen Kostümen tanzen – können die Marktfrauen, und zwar jedes Jahr am Faschingsdienstag beim traditionsreichen „Tanz der Marktweiber".

Englischer Garten (ca. 1 km)

Der Englische Garten ist eine der größten Stadtparkanlagen der Welt, und er war auch eine der ersten, die schon 1789 von der gesamten Bevölkerung betreten und genutzt werden durften. Weite Rasenflächen, auf denen sich im Sommer die berühmten „Nackerten" tummeln, wechseln mit artenreichen Baumbeständen ab, die von Wasserläufen und Seen durchzogen sind. Auf unzähligen Wegen flanieren die Münchner und ihre Gäs-

Mr T: „München ist immer eine Reise Wert, und der jährliche Wiesn-Besuch ein persönliches Highlight!"

te durch das weitläufige Gelände und besuchen den kleinen Monopteros mit schöner Aussicht, nehmen im Biergarten eine zünftige Brotzeit, trinken oder essen in einem der Restaurants oder pilgern zur „Eisbachwelle", auf der Könner und Wagemutige auf ihren Surfbrettern dem rauschenden Wasser trotzen.

SKANDINAVIEN

MEJERI GAARDEN

Gedser, Dänemark

Wer ein liebevoll geführtes kleines Hotel in wunderschöner Lage im Süden von Dänemark sucht, wird im Mejeri Gaarden fündig. Ein Ort, wo sich Urlauber, Reisende und Einheimische gleichermaßen wohlfühlen.

Hotelinfo:

Mejeri Gaarden
Gammel Landevej 87
DK-4874 Gedser
Tel.: +45 70 23 70 40
Mail: info@
mejerigaarden.com
Web: www.
mejerigaarden.com

Ladeinfrastruktur:

3 Tesla DeC (nur Tesla)

Das Mejeri Gaarden ist ein hübsches Bed & Breakfast auf der Insel Falster südlich von Kopenhagen. Es liegt wie für einen Gutshof typisch inmitten weiter Felder – kein Wunder, war es doch ursprünglich eine Milchfarm, die die Gastgeber Michael und John mit viel Liebe hergerichtet haben. Dass es im Mejeri Gaarden um Qualität und nicht um Quantität geht, merkt man bereits daran, dass es lediglich sechs Gästezimmer gibt. Sie sind äußerst geschmackvoll und individuell gestaltet und folgen jeweils einem anderen Farbkonzept, nach dem die Zimmer auch benannt sind. Höchsten Komfort bietet das frisch renovierte und etwas separat stehende Cottage.

> *Mrs T: „Im Hotel wurde auf jedes Detail geachtet, Kunst ziert die Wände und eine Wendeltreppe führt in das Obergeschoss mit den Zimmern."*

So authentisch wie die Zimmer ist auch das Restaurant: Hier wird ehrliche Küche serviert, lokal und selbst gekocht. Die Karte ist klein, aber fein. Für kulturelle Abwechslung sorgen die eigens organisierten Veranstaltungen im schön ausgebauten Eventlokal. Und auf keinen Fall sollte man sich den entspannten Spaziergang zum einsamen Strand entgehen lassen. Dort erwartet einen ein spektakulärer Sonnenuntergang.

IN UND UM GEDSER
Dänemark

Wo der Norden am südlichsten ist

Die beiden Inseln Falster und Lolland, die nur durch den schmalen Guldborgsund voneinander getrennt sind, bilden den südlichsten Teil Dänemarks. Die weite, ebene Landschaft – der höchste Punkt Falsters liegt gerade mal 44 m über dem Meer – ist die ideale Voraussetzung, um zur Ruhe und zu sich zu kommen.

Gedser Odde (ca. 11 km)

Das Mejeri Gaarden liegt auf dem Gemeindegebiet von Gedser, von wo die Fähren nach dem gut 45 km entfernten Rostock ablegen. Noch etwa 3 km weiter südlich als Gedser selbst liegt mit der Gedser Odde der südlichste Punkt Dänemarks (siehe Bild) und damit ganz Skandinaviens. Eine kleine Holztreppe führt die 6 bis 8 m hohe Steilküste zum Meer hinunter, wo man das Spiel der Wellen und die Ruhe auf sich wirken lassen, im Westen der Sonne beim Versinken im Meer zusehen und zur richtigen Jahreszeit die Zugvögel beobachten kann. Besonders schön ist es auch, am schier endlosen Strand der Ostseite von Falster in Richtung des hübschen Ferienortes Marielyst entlangzulaufen.

Knuthenborg Safaripark (ca. 47 km)

Der 1969 gegründete Knuthenborg Safaripark ist der größte Safari- und Erlebnispark in Nordeuropa. Über 15 km Wege sind mit dem Auto befahrbar, und mehr als 900 Tiere sind – mit etwas Glück – zu sehen. An vielen Stellen darf man aussteigen und kann die Wildnis „hautnah" erleben. Die Tierwelt des Parks ist nach Kontinenten „sortiert": Im Bereich „Savanne" dominieren aus Afrika stammende Arten wie Zebras, Giraffen, Strauße, Antilopen, Gnus und Nashörner und viele mehr. Aus Asien stammen Tiere wie die Wasserbüffel, die

Mr T: „Bereits die Anfahrt durch die Allee ist ein Genuss. Im schönen Hof warten gleich drei Destination Charger auf Besuch."

Yaks und vor allem die Sibirischen Tiger, die in einem eigenen Gehege untergebracht sind. Kängurus und Emus repräsentieren die Fauna Australiens, Bisons und Elche die Prärie Nordamerikas. Ein Naturspielplatz rundet das Erlebnis für jüngere Besucher ab, Café und Restaurant erfreuen alle Besucher.

to celebrate

Jeweils am 3. Wochenende im Juli gibt das Maribo Jazz Festival Gelegenheit, in gemütlicher Atmosphäre Live-Musik von Jazz, Swing, Ragtime bis Blues zu hören. Vier Tage lang ist die Stadt voller fröhlicher, spielfreudiger in- und ausländischer Musiker. Viele Konzerte finden auf romantischen alten Höfen, auf der Freilichtbühne nahe dem Maribo Sø oder an Bord eines Ausflugsschiffes auf dem See statt.

Maribo Jazz Festival
Maribo/Falster
www.jazzklubben-maribo.dk
3. Wochenende im Juli

SKT. PETRI
Kopenhagen, Dänemark

Grünen Luxus mitten in Kopenhagen bietet das Hotel Skt. Petri, in dem Design auf Nachhaltigkeit trifft und das ein hervorragender Ausgangspunkt für Streifzüge durch die Stadt ist.

Hotelinfo:

Hotel Skt. Petri
Krystalgade 22
DK-1172 København
Tel.: +45 33459100
Mail: stay@
sktpetri.com
Web: www.
sktpetri.com

Ladeinfrastruktur:

1 Tesla DeC (nur Tesla)
1 Tesla DeC (alle EVs)

Mr T: „Die Stadt lässt sich ökologisch sinnvoll direkt von hier aus zu Fuß oder mit dem Fahrrad erkunden, das im Hotel geliehen werden kann."

In der schmucken Altstadt von Kopenhagen, das als eine der umweltfreundlichsten Städte der Welt gilt, liegt das Hotel Skt. Petri. Von außen ein eher unspektakuläres Gebäude, dominiert in der großen stylischen Lobby innen die Farbe Grün – und das ist zugleich Programm, legt das Hotel doch ebenso viel Wert auf Nachhaltigkeit wie Dänemarks Hauptstadt. So wird der Strombedarf zu 100 % aus Windenergie gedeckt, werden nicht servierte Gerichte per App günstig abgegeben, kein Palmöl, dafür aber ausschließlich zertifizierter Fisch verwendet, und die Gäste haben sogar die Möglichkeit, auf das Housekeeping zu verzichten, wofür das Haus 50 Kronen an UNICEF spendet. Die Zimmer sind mit viel Liebe zu skandinavischem Design und einem guten Blick für Details eingerichtet. Design sowie leckere Speisen und Getränke kennzeichnen auch das Petri Restaurant & Bar und das Dada Restaurant. Während das ab dem Mittag geöffnete Petri auf internationale Küche und edles Fingerfood setzt, hat das am Abend geöffnete Dada nahöstliche und mediterrane Gerichte auf seiner Karte.

IN UND UM KOPENHAGEN
Dänemark

Stressfreie Erkundungen in Dänemarks Hauptstadt

Skandinavische Großstädte haben einen ganz eigenen Charakter. Natürlich ist hier viel los und leben viele Menschen auf nicht sehr viel Platz, dennoch fühlt sich der Aufenthalt niemals eng, stressig oder laut an. Alles tickt eine Spur gelassener und ruhiger – eine wunderbare Mischung, die anregt und erholt zugleich.

Nyhavn (ca. 1 km)

Läuft man vom Hotel etwas nach Süden und dann über die beliebte Einkaufsmeile Strøget und den zentralen Platz Kongens Nytorv mit dem Schloss Charlottenborg nach Osten, erreicht man hinter dem großen Ankerdenkmal den Nyhavn. Auch wenn der bereits 1673 fertiggestellte „neue Hafen" eigentlich ein Stichkanal ist – er ist wunderschön und diente daher bereits öfter als Filmkulisse! Vor den farbigen Giebelhäusern liegen historische Schiffe im Wasser, in den Häusern findet man Cafés, Bars und Restaurants. Dies macht die Gegend um den Nyhavn zu einem der beliebtesten Ausgehviertel Kopenhagens. Bummelt man den autofreien, 400 m langen Nyhavn nach Osten, erblickt man links jenseits des Hafenbeckens ein architektonisches Kontrastprogramm erster Güte: die futuristische neue Oper.

Tivoli (ca. 1 km)

Der Tivoli am Rande von Kopenhagens Innenstadt wurde bereits 1843 eröffnet und ist damit einer der ältesten Vergnügungsparks der Welt. Sein besonderer Zauber liegt darin,

dass die Dimensionen des Gesamtgeländes und der Fahrgeschäfte nicht „mega" sind, aber auch kein Architekt auf „retro" konzipiert hat. Hier ist alles stimmig, weil es „echt" ist – seien es die hölzerne Achterbahn „Rutschebanen" von 1914 oder die im chinesischen Stil erbau-

Mrs T: „Im Hotel erhält man Tipps, wie man Ressourcen sparen kann – z. B. das saubere Kopenhagener Leitungswasser zu trinken."

te Freilichtbühne „Pantomimeteatret" von 1874. Über 20 Fahrgeschäfte – darunter ein 80 m hohes Kettenkarussell – sowie mehr als 30 Restaurants versprechen einen kurzweiligen Tag im Tivoli, der regulär von Mitte April bis Ende September und an ein paar Feiertagen zusätzlich geöffnet hat.

to eat

The Standard ist ein Restaurantkonzept, das unter dem Dach eines langgestreckten, ehemaligen Art-déco-Zollhauses und -Fährterminals direkt am Havnegade-Kai gleich vier Restaurants verbindet: das Almanak mit moderner nordischer Küche, das Mission mit vegetarischen mediterran-kalifornischen Gerichten, das Studio mit Michelin-Stern-prämierter Gourmetküche sowie das The Standard's Private Dining für exklusive Events wie Businessmeetings oder Hochzeiten.

The Standard
Havnegade 44
www.thestandardcph.dk

↑ 84 m über dem See thront das Nivå 84 wie zufällig hingewürfelt – ein Architekturexperiment, das jeder, der die Aussicht und die Ausstattung des Loft genossen hat, als perfekt gelungen bewerten wird.

NIVÅ 84 LOFT HOUSE
Trånghalla, Schweden

Das kleine Boutique Hotel Nivå 84 Loft House ist ein stylischer Rückzugsort für Paare, die einen spektakulären Blick über Schwedens zweitgrößten See, den Vätternsee, genießen wollen.

Hotelinfo:

Nivå 84 Loft House
Skogsbostigen 5
SE-564 36 Trånghalla
(Bankeryd)
Tel.: +46 730 89 44 12
Mail: über airbnb-
Kontaktfunktion
Web: www.airbnb.de/
rooms/13583879

Ladeinfrastruktur:

1 Tesla DeC (nur Tesla)
1 CEE 16 A dreiphasig
(alle EVs)

Mr T: „Hier wird Tesla großgeschrieben, denn statistisch betrachtet gibt es einen Destination Charger pro Zimmer!"

↑ Dem skandinavischen Dämmerungsspektakel kann man direkt aus dem Zimmerfenster stundenlang zusehen.

„Klein, aber fein", heißt es, im Falle des Nivå 84 Loft House müsste es aber eigentlich noch passender „Kleinst, aber feinst" heißen. Denn das von Carl-Johan Lundberg und seiner Frau Eleonor betriebene Nivå 84 ist kein Hotel im eigentlichen Sinne, sondern eben ein Loft House – mit gerade einmal einem Zimmer! Aber was für eines: Neben dem Wohnhaus der Gastgeber errichtet, thront das würfelförmige Nivå 84 genau 84 m über dem Niveau des Vätternsees auf einem Felsen. Nach Osten zur Seeseite hin öffnen riesige Panoramascheiben das Gebäude und garantieren vom Wohn- wie auch vom Schlafbereich einen spektakulären Blick über das Wasser in die aufgehende Sonne. Und nach einem ereignisreichen Tag kann man dann später von der Terrasse mit den modernen Loungemöbeln die untergehende Sonne betrachten.

Design-Loft für Paare

Innen im Nivå 84 Loft House fühlt man sich ebenfalls wie beim Fotoshooting für ein Designmagazin. Denn für die Inneneinrichtung haben die Lundbergs ganz auf den harmonischen Kontrast von hellem Holz für das Haus und schwarzen Möbeln für seine Einrichtung gesetzt. Selbst die Fliesen im Bad mit der Regenwalddusche erinnern mit ihrer Struktur an Holz und komplettieren so das Konzept. Während unten im Wohnbereich auch eine kleine Arbeitsecke mit Highspeed-Internet und USB-Chargern eingerichtet ist, verwöhnen auf der über eine Freitreppe erreichbaren Schlafempore mit dem Doppelbett ein großer Flachbildfernseher mit Streaming-Anschluss und ein Soundsystem Augen und Ohren der Gäste. Ihre Sinne kulinarisch verwöhnen können diese mit Köstlichkeiten vom Gasgrill auf dem Balkon zum See oder – im kleineren Rahmen – mit Kaffeemaschine, Toaster, Eierkocher und Mikrowelle in der Kochnische des Nivå 84. Sollte es dabei in der Küche einmal an etwas fehlen, kann man das sicher bei den perfekten Gastgebern nebenan ausleihen. Und steigt man dann wieder in den Tesla, so fährt man zwar mit neuer Energie, aber ob der erlebten Herzlichkeit nur ungern weiter.

↑ Der „Balkon" ist eigentlich eine Terrasse, es geht aber direkt dahinter steil bergab. Dank dem Glasabschluss braucht man nicht schwindelfrei zu sein, um Frühstück und Abendessen mit Blick über den See zu genießen.

IN UND UM TRÅNGHALLA
Schweden

Im Bilderbuchschweden Astrid Lindgrens

Grüne Wiesen, lichte Wälder, der große See Vättern und viele kleinere – unser Bild des ländlichen Skandinaviens sieht genauso aus wie die Landschaft hier in Småland im Südosten Schwedens. Dazu gibt es natürlich eine perfekte Infrastruktur, die auch das e-mobile Durch-die-Gegend-Fahren zur reinen Freude macht.

Jönköping (ca. 6 km)

Die nächstgelegene Stadt vom Gästehaus aus ist Jönköping (siehe Bild) am Südende des Vätternsees. Fans von Popmusik ist es als Geburtsstadt der ABBA-Sängerin Agnetha Fältskog und der Cardigans-Sängerin Nina Persson ein Begriff, doch Jönköping, dessen Stadtrecht auf das Jahr 1284 zurückgeht, ist vor allem der Sitz einer modernen Hochschule. Etwa 12 000 Studenten – ein Achtel der Einwohner – prägen heute das Stadtbild. Bis 1970 war das von Wäldern umgebene Jönköping der Hauptsitz des Weltmarktführers für Streichhölzer, der Svenska Tändsticks. An das früher wichtige Produkt erinnern heute das Streichholzmuseum und das Streichholzviertel am Hafen mit seinen loftartigen Backsteinbauten, das sich zu einem In-Viertel gemausert hat.

Astrid Lindgrens Geburtshaus (ca. 120 km)

Michel aus Lönneberga, Pippi Langstrumpf und die Kinder aus Bullerbü – wer mehr über ihre Schöpferin Astrid Lindgren erfahren möchte, muss vom Gästehaus noch etwa 120 km mit dem Auto durch Småland kurven: nach Vimmersby. Auf dem dortigen Hof Näs kam Lindgren 1907 in einem roten Holzhaus zur Welt. Da sie ihr Elternhaus in den 1960er-Jahren entsprechend dem Originalzustand ihrer Kindheit renovieren ließ, kommt

Mrs T: „Die Galerie im Zimmer erinnert mich an meine Kindheit. Die Aussicht auf den See ist allerdings unvergleichlich."

man sich wie auf einer nostalgischen Zeitreise vor. Und im Themenpark „Astrid Lindgrens World" werden alle naseweisen Romanfiguren zum Leben erweckt – ein toller Familienausflug mit Kindern zwischen 5 und 12 Jahren.

to celebrate

Sind Sie im Juli hier? Sind Sie sportlich? Dann wäre der Triathlon Ironman 70.3 vielleicht etwas, der einmal im Jahr in Jönköping über die Bühne bzw. vielmehr 1,9 km durch den See, 21,1 km durch die Stadt und 90 km über Land geht. Mindestens genauso schön ist aber am Straßenrand stehen und zusehen, wie die Sportler ihre Herkulesaufgabe bewältigen.

Ironman 70.3 Jönköping www.ironman.com/ triathlon/events Juli

↑ Die Natur und das japanische Bad bilden eine harmonische Einheit, die wunderbar wohltuend auf Körper und Geist wirkt.

YASURAGI
Saltsjö-Boo/Stockholm, Schweden

Das Hotel Yasuragi bei Stockholm bietet japanische Badekultur vom Feinsten, kombiniert mit einem umfassenden Wellnesskonzept und herzlichem Service in traumhafter Umgebung.

Hotelinfo:

Yasuragi
Hamndalsvägen 6
SE-132 39 Saltsjö-Boo
Tel.: +46 87 47 6400
Mail: info@yasuragi.se
Web: www.yasuragi.se

Ladeinfrastruktur:

14 Typ 2 Ladesäulen
(ein Ladekabel kann
beim Hotel geliehen
werden)

Nahe der Schärenlandschaft bei Stockholm liegt mit dem Yasuragi ein Wellnesshotel, das man so in Schweden wohl kaum erwarten würde: authentisch japanisch! Der Name „Yasuragi" beschreibt den tiefen Atemzug bei völliger Entspannung – und die findet der Gast hier auch. Daran hat bereits das minimalistische Design seinen Anteil, bei dem auch Japankenner sofort feststellen, dass es nicht inszeniert, sondern echt ist. Die Atmosphäre im Hotel, das einem überzeugenden Nachhaltigkeitskonzept folgt, ist ungezwungen und auffallend herzlich. Die Zimmer in warmen Holztönen sind wie die traditionellen Schlafräume in Japan mit Futons, kleinen Sitzecken und Ankleiden stilvoll ausgestattet, Paravans aus Seidenpapier vor den Fenstern erzeugen ein sanftes Licht oder geben zur Seite geschoben den Blick auf das Wasser der Schärenlandschaft frei. Um den Alltag schnell hinter sich zu lassen, erhalten alle Gäste den traditionellen „Yukata" – eine Art Hausmantel aus Baumwolle. Diesen ziert das traditionelle Asanoha-Muster.

Mrs T: „Das Yasuragi bietet ein tolles Wellnesserlebnis und absolute Erholung. Nach einem Tag sind wir so entspannt wie sonst nach einer Woche."

Japanische Badekultur

Den Yukata legt man lediglich ab, wenn man sich im japanischen Bad aufhält. Nach einer gründlichen Körperreinigung ist man bereit für das entspannte Bad im „Onsen", der heißen Quelle, oder der Sauna. Der Spa-Bereich mit heißen Quellen im Innen- und Außenbereich, verschiedenen Saunen, Zen-Meditation, Yoga und Kosmetikanwendungen für Körper und Gesicht lässt keine Wünsche offen. Für Entspannung sorgt daneben auch, dass hier keinerlei digitale Geräte gestattet sind – „digital Detox" lautet das Schlagwort. Abgerundet wird ein Erholungstag im Yasuragi mit einem Besuch des veganen Restaurants Saishoku, in dem japanische Gerichte mit organisch produzierten lokalen Zutaten bereitet werden. Alternativ speist man in einem der beiden anderen Restaurants – im Teppanyaki werden die Speisen vor den Augen der Gäste auf der Grillplatte am Platz zubereitet – oder besucht die Sake-Bar im Haus.

↑ Japanische Einrichtungskultur bestimmt auch die Ausstattung der Zimmer mit Seidenpapierschiebewänden und den klassischen Futons zum Schlafen.

Insight Yasuragi

Wer wünscht sich nicht hin und wieder, dass sich etwas ändert? Doch für eine tiefgreifende Erneuerung braucht es Zeit, um nach innen zu schauen und Raum für den Gedankenaustausch mit anderen zu schaffen. Im Yasuragi findet man einen Ort, an dem Einsichten, Kreativität und Empathie wachsen können. Das Hotel hat sich mit einem Konzept positioniert, das den gesamten Menschen berücksichtigt – den Yasuragi Effekt. Dieser ganzheitliche Ansatz des Yasuragi ermöglicht und fördert die Effektivität und Kreativität. Indem das Nervensystem beruhigt wird, werden zukünftige Handlungen überlegter und es werden langfristig bessere Entscheidungen getroffen.

↑ Klare Linien, reduzierte Formen und die wohlige Wärme des Wassers wirken entspannend auf den Geist des Gastes ein. Auf dem Yukata ist das traditionelle Asanoha-Muster zu sehen.

Das urbane, moderne Japan prägt den Stil der Tagungsräume. ↑

IN UND UM STOCKHOLM
Schweden

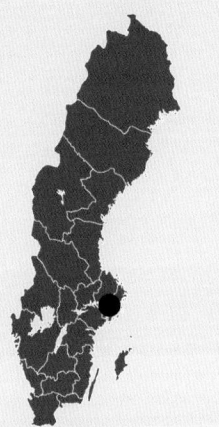

Königliche Residenz und lebensfrohe Metropole

Vielleicht ist Stockholm – erbaut teils auf dem Festland, teils auf Inseln, umgeben von Wasser – die schönste Stadt Skandinaviens. Vor allem aber ist sie eine quicklebendige Metropole, die das Leben leichtnimmt, die den kurzen Sommer feiert und alle Gäste zum Teilhaben einlädt.

Stockholm (ca. 19 km)

Schwedens Hauptstadt Stockholm ist mit einer knappen Million Einwohnern das Herz des Landes und zugleich die größte Stadt ganz Skandinaviens. Sie erstreckt sich über 14 Inseln im Übergangsbereich vom Mälarsee in die Ostsee und ist durch viel Wasser und Grün geprägt. Perfekt für einen entspannten Stadtbummel ist die weitgehend autofreie Altstadt Gamla stan auf der Stadsholmen, der Stadtinsel. Hier mischen sich mittelalterliche Gässchen mit Palästen aus dem 17. Jahrhundert, als Schweden Großmachtstatus hatte. Auch die Storkyrkan, der Stockholmer Dom, und natürlich das Königsschloss liegen hier. Vom Schloss aus sieht man über die kleine Insel Helgeandsholmen hinweg schon den Stadtteil Norrmalm mit dem modernen Stadtzentrum aus den 1950er- und 1960er-Jahren. Immer einen Abstecher wert ist die Halbinsel Djurgården mit dem Freizeitpark Gröna Lund.

Vasa-Museum (ca. 21 km)

Das Vasa-Museum (Vasamuseet) auf Djurgården ist das meistbesuchte Museum Skandinaviens. Zu sehen gibt es die Galeone Vasa, die eines der kampfstärksten Kriegsschiffe ihrer Zeit werden sollte – und bei der Jungfernfahrt 1628 nach gerade einmal 1300 m beim ersten stärkeren Windstoß sank. Das Schiff war nämlich durch die nach Baubeginn erfolgte Aufstockung um ein zweites

Mr T: „Im Yasuragi lädt man seine Akkus nachhaltig! Das Hotel setzt auf 100 % erneuerbare Energie."

Kanonendeck für den schmalen Rumpf viel zu topplastig geworden, zugleich erreichte das Wasser bereits bei leichter Schräglage die unteren Kanonenöffnungen. Über 300 Jahre später entdeckte man das Wrack wieder und hob es 1959 bis 1961. Bestens konserviert besteht der Schiffsrumpf heute zu 98 % im Original, ein verkleinertes Modell daneben sowie Fundstücke und Infotafeln lassen die Geschichte der Vasa und Schwedens während des Dreißigjährigen Krieges wieder lebendig werden.

Stockholmer Schärengarten (ca. 5 km)

Etwa 24 000 kleinere und größere Inselchen – Schären – umfasst der Stockholmer

Schärengarten, der von der Stadt etwa 60 km nach Osten hinaus in die Ostsee reicht. Etwa ebenso viele Kilometer sind es nach Norden zur Insel Vaddö und nach Süden zur Schäre Öja. Die typische flache Form der Schären ist ein Überbleibsel aus den letzten Eiszeiten, als Gletscher die Felsen abschliffen. Heute sind die Schären bei den Stockholmern ein beliebtes Naherholungsgebiet für das Wochenende oder den Sommerurlaub, wie man bei einer Fahrt mit der Fähre oder dem Segelboot schon an den zahlreichen Bootsanlegern und bunten Holzhäusern erkennen kann.

Tyresta Nationalpark (ca. 36 km)

Gerade einmal 25 km südlich von Stockholm liegt der Tyresta Nationalpark, den man am besten vom Dorf Tyresta aus erkundet, das von Stockholm auch mit dem Bus gut erreichbar ist. Den 2000 ha großen Nationalpark durchziehen zahlreiche ausgeschilderte Wege, von denen einige auch für Einsteiger gut geeignet sind. Urwaldartige Baumbestände mit Fichten und bis zu 400 Jahre alten Kiefern sowie mit Flechten überzogene Felsen prägen die Landschaft mit Bilderbuchseen wie dem Bylsjön oder dem Årsjön. Daneben gibt es karge Bereiche mit Sümpfen und Mooren und westlich des Sees Stensjön ein Areal, das nach einem großen Waldbrand 1999 erst langsam wieder zu seiner alten Bewaldung zurückfindet.

Uppsala (ca. 93 km)

Die mit etwa 15 000 Einwohnern viertgrößte Stadt Schwedens liegt nördlich des Hotels und wird nach einer guten Autostunde Fahrt durch die waldreiche Landschaft Mittelschwedens erreicht. Da Uppsala eine bereits 1477 gegründete Universität besitzt, prägen heute Studenten das Bild der Stadt. Der gotische Dom nahe der Universität gilt als die größte Kirche Skandinaviens, das Schloss auf einer Anhöhe überragt die ganze Stadt. Liebhaber exotischer Pflanzen kommen im Botanischen

↑ Blick auf die Altstadt Stockholms mit dem königlichen Schloss rechts und der Stockholmer Hauptkirche, der Storkyrkan, in leicht erhöhter Lage links daneben.

↑ Die meisten Schäreninseln sind klein und unbewohnt, auf vielen anderen gibt es oft nur ein paar Häuser und natürlich einen Anleger – ein ideales Naherholungsgebiet für die gestressten Großstädter aus Stockholm. Wer gern aktiv ist und es nicht ganz einsam braucht, besucht die größeren bewohnten Inseln wie z. B. Sandhamn, Blidö und Utö, auf denen man Hotels, Restaurants und Jachthäfen sowie viele Freizeitmöglichkeiten findet.

Garten im Schlosspark ebenso auf ihre Kosten wie im ehemaligen Garten von Carl von Linné, dem in Uppsala verstorbenen Begründer der modernen Botanik und Zoologie.

COPPERHILL MOUNTAIN LODGE
Åre, Schweden

Die Copperhill Mountain Lodge im berühmten schwedischen Skiort Åre ist ein Designhotel, das seinem Namen alle Ehre macht, da hier zahlreiche Elemente des Interieurs aus Kupfer sind.

Hotelinfo:

Copperhill Mountain Lodge
Åre Björnen
SE-837 97 Åre
Tel.: +46 64 71 43 00
Mail: info@copperhill.se
Web: www.copperhill.se

Ladeinfrastruktur:

1 Tesla DeC (nur Tesla)
1 Tesla DeC (alle EVs)

Die Anfahrt zum Skiort Åre und der Copperhill Mountain Lodge führt durch die einsame Weite Mittelschwedens, gespickt mit vielen der legendären Hinweisschilder „Vorsicht Elch". Das imposante moderne Hotel liegt weit oben am Berg direkt an einer Skipiste. In der mehrstöckigen Hotelhalle fallen der große Kamin mit offenem Feuer und eine riesige Kupferwand auf. Da hier Kupfer quasi Programm ist, finden sich im ganzen Haus immer wieder Design-Elemente aus dem Metall. Das andere dominierende Material ist Holz – schließlich ist das hier Skandinavien und eine Lodge. Und so strahlen die Hotelhalle wie auch die Zimmer und Suiten einen

Mr T: „Das Spa ist ab 6 Uhr geöffnet, so schaffen wir es noch vor dem Frühstück, ein paar Bahnen im Pool zu ziehen oder einen Saunagang einzulegen."

Mix aus Design und Gemütlichkeit aus. Die Copperhill Mountain Lodge hat aber auch einen wunderschönen Spa-Bereich zu bieten: Ein Aufenthalt im Schwimmbad innen, im beheizten Außenpool, in der Sauna oder eine Massage- oder Beautyanwendung bietet sich immer dann an, wenn das Wetter im Winter einmal nicht „outdoortauglich" ist. Alternativ setzt man sich an die stylische Bar oder lässt sich im Restaurant verwöhnen.

IN UND UM ÅRE
Schweden

Wo Schweden Ski fährt

Die Berge rund um Åre gehören zu den ältesten und beliebtesten Skigebieten Schwedens. Schon dreimal – in den Jahren 1954, 2007 und zuletzt 2019 – gastierte die Welt bei Ski-WMs in Åre, regelmäßig macht der Ski-Weltcup hier Station. Im Sommer ist es aber ebenso schön, und man kann von Rentieren über Elche bis zu Bären spannende Tierbegegnungen erleben.

Storsjön (ca. 55 km)

Eine gute Stunde benötigt man mit dem Auto nach Trångsviken am Storsjön. Schwedens fünftgrößter See liegt im Osten des Hotels und ist 456 km² groß sowie bis zu 74 m tief. Der Storsjön ist ein beliebtes Ausflugsziel, um dort eine Runde zu schwimmen (das machen eher nur die Einheimischen), zu angeln oder mit dem Kajak zu fahren. Ein klein wenig Mut sollte man dabei mitbringen, besagt doch eine lokale Legende, dass tief im Storsjön das Storsjöodjudet – ein schlangenähnliches Seeungeheuer mit hundeartigem Schädel – lebt, dem im Jamtli-Museum in Östersund sogar eine kleine Ausstellung gewidmet ist. Vielleicht sieht man es ja vom sicheren Ufer aus, wenn man den Storsjön auf der malerischen, weitere 135 km langen Strecke über Östersund, Frösön, Orrviken und Myrviken einmal umrundet.

Östersund (ca. 98 km)

Das Herz der Region Jämtland ist Östersund mit seinen etwa 50 000 Einwohnern. Die erst im 18. Jahrhundert gegründete und schachbrettartig angelegte Stadt besitzt viel Grün und ist ein wichtiger Verkehrsknoten. Entlang der Prästgatan findet man daher viele Geschäfte, die zu einem Bummel einladen. Die benachbarte Storgatan mit ihren schönen alten Stadthäusern ist ein malerisches Fotomo-

Mrs T: „Als Tesla-Fahrer hat man das Privileg, in der beheizten Tiefgarage einen Platz zu haben, was bei Minusgraden praktisch ist.“

tiv. Wer etwas mehr in die Geschichte Jämtlands eintauchen möchte, stattet dem Jamtli – einem Museum mit großem Freilichtbereich am Ufer des Storsjön – einen Besuch ab. Auch Kunstinteressierte kommen auf ihre Kosten und werden in einer der über 20 Galerien sicher ein wertvolles Andenken finden.

to celebrate

Das Storsjöyran Festival (oder The Great Lake Festival) findet seit 1983 im Stadtzentrum von Östersund statt. Etwa 35000 bis 40000 Besucher werden jährlich gezählt, das Festival gehört damit zu den größten in Schweden. Rock- und Popgrößen wie Bryan Adams, The Pretenders, Iggy Pop, Motörhead, B.B. King oder Pet Shop Boys traten in der Vergangenheit hier auf.

Storsjöyran Festival
Östersund
www.yran.se
Juli oder August

ANGVIK GAMLE HANDELSSTED

Angvik, Norwegen

Das Angvik Gamle Handelssted am Tingvollfjord ist eine idyllische „Handelsstadt" mit lebhaftem kulturellen Erbe, in der Exklusivität und hohe Qualität
auf familiäre Atmosphäre treffen.

Hotelinfo:

Angvik Gamle
Handelssted
Kjøpmannsgata
N-6636 Angvik
Tel.: +47 71 29 13 00
Mail: post@
angvik-hotell.no
Web: www.
classicnorway.no/
hotell/angvik-gamle-
handelssted

Ladeinfrastruktur:

2 Tesla DeC (nur Tesla)
1 Tesla DeC (alle EVs)

Direkt am sanften Westufer des Tingvoll-
fjords gelegen, stechen die weißen Gebäude des Angvik Gamle Handelssted mit
ihren hellroten Dächern schon von Weitem
ins Auge. Das liebevoll restaurierte Boutique
Hotel wird von Familie Angvik betrieben, die
auf eine reiche Vergangenheit als Händler zu-
rückblickt. Die Zimmer des Angvik Gamle
Handelssted sind überaus heimelig, die Betten
gemütlich – genau der richtige „Heimathafen"
für Ausflüge in die Fjordlandschaft der Umgebung, aber auch das richtige Refugium, wenn
das norwegische Wetter Ausflüge einmal nicht
zulässt. An solchen Tagen bietet sich dann ein
Gang ins kleine, aber feine Spa des Hauses an,

*Mr T: „Das wunderbar abge-
stimmte Weinpaket zum Fünf-
Gänge-Menü am Abend wird
vom freundlichen Kellner sehr
überzeugend präsentiert."*

oder man schlendert durch das hauseigene
Museum und erfährt mehr über die Vergangenheit der Angviks. Das Hotel legt Wert auf
eine authentische lokale Küche mit viel Fisch.
Wer möchte, kann sich eine Angelausrüstung
und ein Ruderboot ausleihen und sich das Essen selbst im Fjord fangen. Wer lieber die nahe Umgebung erkunden möchte, nimmt einfach ein Leihrad. Der Abend gehört dann dem
Kaminzimmer mit dem knisternden Feuer.

IN UND UM ANGVIK
Norwegen

Spektakuläre Straßen in spektakulärer Landschaft

Oft ähneln die Fjorde langgestreckten Seen, und mild ist das Klima direkt an den Ufern des golfstromwarmen Wassers auch – meistens. Denn bei wilder See peitscht das Wasser hohen Wellengang in die Fjorde hinein und liefert ein faszinierendes Naturschauspiel – dem man am besten gut geschützt aus dem Auto zusieht.

Atlantic Ocean Road (ca. 85 km)

Einer der schönsten Ausflüge vom Angvik Gamle Handelssted geht ans offene Meer zur Atlantic Ocean Road, dem Abschnitt der Landstraße 64 zwischen den Orten Vevang und Karvag. Die Atlantic Ocean Road ist eine der eindrucksvollsten Straßen der Welt, schlängelt sie sich doch zunächst durch die wilde Landschaft, um dann über eine Reihe von kleinen und kleinsten Inseln des zerfurchten Küstenabschnitts zu führen. Teils nur wenige Meter über der Oberfläche des Nordmeers verlaufend, teils etwa 30 m hoch auf surreal gekrümmten Brücken – die mehr an eine Achterbahn als an eine Straßenbrücke erinnern –, bietet die Atlantic Ocean Road immerzu neue Perspektiven. Und selbst wenn bei schlechtem Wetter die Wellen auf den Strand zupeitschen, ist die Kulisse einmalig – oder vielleicht sogar gerade dann!

Tingvollfjord (ca. 1 km)

Blickt man bei gutem Wetter vom Hotel über den Tingvollfjord, erkennt man auf der anderen Uferseite in etwa 7 km Entfernung den kleinen Ort Tingvoll. Meist ist der Tingvollfjord allerdings nur 3 km breit. Seine Nord-Süd-Länge hingegen beträgt von den beiden Inseln Bergsøy und Aspøy an gesehen ca. 52 km, wobei die letzten 17 km ab der Landspitze Ballsnes auf den Sunndalsfjord entfallen.

Mrs T: „Im schön gestalteten Museum wird die Geschichte der Familie Angvik lebendig, die in Angvik lebhaften Handel betrieb.“

Bei Angvik auf der Westseite kann man am Tingvollfjord in Ufernähe auf den Landstraßen 666 sowie 62 nach Südosten fahren, bis man schließlich am Fjordanfang in Sunndalsøra auf die Reichsstraße 70 trifft, die über Tingvoll wieder nach Nordwesten zu den Inseln Aspøy und Bergsøy am Fjordende führt.

↑ Die Atlantikroute bei stürmischer See zu befahren ist noch beeindruckender als bei schönem Wetter!

↑ Wer im Storfjord Hotel in Blockhausbauweise das warme Licht und die gemütliche Einrichtung genießt, kann auch dem nicht selten rauen skandinavischen Wetter ruhige, erholsame Momente abgewinnen.

STORFJORD HOTEL

Skodje, Norwegen

Das Storfjord Hotel ist ein luxuriöses Boutique Hotel im Blockhausstil in einer traumhaften Lage oberhalb eines Fjordes. Dies macht das Haus zu einem absoluten Muss für jeden Norwegen-Besuch.

Hotelinfo:

Storfjord Hotel
Øvre Glomset
N-6260 Skodje
Tel.: +47 70 27 49 22
Mail: info@
storfjordhotel.com
Web: www.
storfjordhotel.com

Ladeinfrastruktur:

2 Tesla DeC (nur Tesla)
1 Tesla DeC (alle EVs)
1 CEE 16 A dreiphasig
(alle EVs)

Schon die Anfahrt zum Storfjord Hotel ist ein Erlebnis: Erhaben liegt es auf einer Anhöhe in wunderschöner Lage mit Panoramablick über den Storfjord. Die hochwertige Chalet-Architektur strahlt eine solche Ruhe aus, dass die Hektik des Alltags wie von selbst von den Gästen abfällt. Die eleganten Wohlfühlzimmer und Suiten sind auf mehrere Blockhäuser mit den für Norwegen typischen begrünten Dächern verteilt. Ausgestattet mit Himmelbett, Kamin, Sitzecke und Panoramafenster, fehlt es in den Zimmern auch nicht an Komfort. Was das Storfjord Hotel aber zu

Mr T: „Egal bei welchem Wetter, der Ort verlockt zu einer Joggingrunde im Wald. Die Luft ist so rein, dass die Batterien sofort voll sind."

einem wirklich einmaligen Platz in Norwegen macht, ist die Kombination aus rustikalem Chic, wie den massiven Rundholzwänden aus gehobenen Materialien, und modernem Design. Die verschiedenen Aufenthaltsräume sind so einladend, dass man sich jederzeit gemütlich vor dem Kamin mit einem Getränk oder einem Buch in bequemen Designermöbeln einrichtet. Auch der kleine Spa-Bereich mit der schönen Sauna und dem sprudelnden Whirlpool sorgt für das Wohl von Körper und Geist. Perfekt wird es dann mit einem ausgezeichneten Abendessen in wunderbar romantischer Atmosphäre mit Blick auf den Fjord und die Berge. Auch dafür ist man im Storfjord Hotel hervorragend eingerichtet und serviert beste lokale Küche. Besonders stolz ist man auf die reichhaltige Auswahl an Käse aus der Region und auf das Storfjordbrygg – ein selbst gebrautes Ale, das es nur hier im Hotel gibt.

Verbundenheit mit der Natur

Das Storfjord Hotel vermittelt einem immer ein Gefühl harmonischer Verbundenheit mit der Natur. So ist es etwa einfach tief entspannend, mit einer schönen heißen Tasse Kaffee auf der Terrasse des Hauses zu sitzen und das Grün der Bäume sowie das Blau des Himmels und des Fjordes auf sich wirken zu lassen. Gut dazu passt es da zu wissen, dass Norwegen den Großteil seines Stromes aus Wasserkraft generiert und daher auch der Tesla an einem der drei Destination Charger nachhaltig aufgeladen wird.

↑ Drei Destination Charger sorgen für die „kulinarische" Versorgung unseres Autos – das hier mit Wasserkraftstrom noch umweltfreundlicher fährt.

Insight Storfjord Hotel

Im Storfjord Hotel ist Entschleunigung angesagt. Abgeschieden, wie das Hotel in grüner Einsamkeit liegt, lässt sich beim Blick auf den nahen Fjord ganz einfach abschalten. Begraste Dächer, das Holz der Blockhäuser – alles verbindet den Gast mit der Natur, in die sich das Hotel sanft einfügt. Weich liegt der Gast auch in den wirklich hervorragenden Betten in den Zimmern des Hotels – ein Himmelbett aus Holz, in dem man unglaublich gut und fest schläft. Auch dies trägt dazu bei, dass sich die Gäste in kürzester Zeit vom Stress ihres Alltags erholen.

↑ Man muss sich einfach im Einklang mit der Natur fühlen, wenn man im grasbedachten Haupthaus neben dem Kamin speist oder in seinem Zimmer in einem der anderen Blockhäuser am eigenen Kaminfeuer vorbei in den skandinavischen Wald blickt.

Inmitten Fjordnorwegens liegt das Hotel am Storfjord, der im Sommer von den Postschiffen der Hurtigruten und vielen ↑
Kreuzfahrtschiffen passiert wird, die auf dem Weg zu seinem innersten Arm, dem berühmten Geirangerfjord, sind.

IN UND UM SKODJE
Norwegen

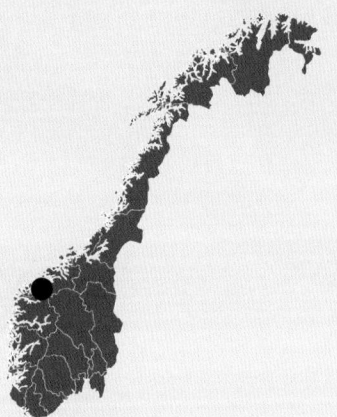

In den Fjorden Norwegens

Der vielleicht schönste Teil Norwegens sind die Fjorde, und der schönste Teil Fjordnorwegens dürfte der Abschnitt in den Meeresarmen bei Ålesund sein, zu denen auch der legendäre Geirangerfjord zählt. Aber auch ohne Ziel gehören Fahrten durch diese einmalige Natur zu den eindrücklichsten Reiseerlebnissen.

Storfjord (ca. 1 km)

Der Storfjord ist der Fjord, der sich unterhalb des Hotels erstreckt und nach dem es benannt ist. Er durchzieht einen guten Teil der Provinz Møre og Romsdal. Im Mündungsbereich zum Europäischen Nordmeer geht der Storfjord in den Sulafjord, einen Sund zwischen relativ flachen Inseln, über, weiter im Landesinneren wird der Storfjord dann enger, die Berge auf beiden Seiten dafür steiler und höher. Der Storfjord besitzt einige Nebenfjorde und misst an seiner tiefsten Stelle 679 m. Bei der Ortschaft Stranda endet dann der eigentliche Storfjord und teilt sich in den nach Osten verlaufenden Norddalsfjord sowie den nach Süden gerichteten Sunnylvsfjord auf, von dem einige Kilometer weiter der bekannte Geirangerfjord abzweigt.

Ålesund (ca. 31 km)

Eine gute halbe Stunde dauert die emissionsfreie Fahrt nach Westen nach Ålesund. Die Hafenstadt ist ein Stopp der Hurtigruten, der ehemaligen norwegischen Postschiffe, und auch für Kreuzfahrtschiffe. Sie liegt auf mehreren Inseln, von denen zwei in der Innenstadt durch den kleinen Ålesund getrennt werden. Die Innenstadt ist es auch, die Ålesund einzigartig macht: Nach einem Großbrand 1904 war von der Bestandsbebauung aus Holz nichts mehr übrig geblieben, und der Wiederaufbau erfolgte – auch dank privater Hilfe des deutschen Kaisers Wilhelm II. – komplett aus

Mrs T: „Hier findet man schnell Ruhe – wenn noch ein Regenbogen im Fenster über dem Grün des Waldes steht, ist das Glück perfekt!"

Stein und im in dieser Zeit beliebten Jugendstil. Da spätere Veränderungen an den damals neuen Häusern teils zurückgebaut wurden, fühlt man sich heute beim Stadtbummel wie bei einer Zeitreise um gut 100 Jahre zurückversetzt. Vom Berg Aksla aus, der sich im Stadtpark erhebt, genießt man einen schönen Blick auf Ålesund und das Meer. Und was sich dort unter der Oberfläche tummelt, entdeckt man am besten im Atlantikpark-Aquarium.

Jugendstilzentrum Schwanenapotheke (ca. 31 km)

Die ehemalige Schwanenapotheke (Svaneapotek) in der Innenstadt ist ein herausragendes Beispiel für den Wiederaufbau der Stadt

to eat

Bei einem Besuch in Ålesund lohnt sich ein Abstecher zum Anno Restaurant & Bar im Stadtzentrum. Mittags und abends stehen international und lokal inspirierte Gerichte auf der Karte (mittags gibt es auch Pizza aus dem Steinofen). Abends und spätabends ist das Anno auch eine beliebte Bar.
Anno Restaurant & Bar
Apotekergata 9
www.anno.no

ab 1904 im Jugendstil. Bauherr war der Apotheker Øwre, der über den Verkaufsräumen auch wohnte. Das mit Turm, Giebel und Erker geschmückte Gebäude aus Granitsteinen ist zugleich von romanischer Architektur und von norwegischen Stabkirchen inspiriert und steht heute komplett unter Denkmalschutz. Man kann die Apotheke und die im Original erhaltenen Wohnräume besichtigen und erfährt viel über den Brand und den Wiederaufbau von Ålesund.

Høgkubben (ca. 16 km)

Wer nicht nur direkt beim Hotel joggen oder wandern möchte, für den ist der in Richtung Myrland liegende Høgkubben ein schönes Ziel. Der abgeflachte Berg ist von Myrland, Blindheim oder Spjelkavik aus in einer gut einstündigen Wanderung erreichbar und auch für Einsteiger mit festem Schuhwerk geeignet. Oben auf dem kleinen Gipfel in 350 m Höhe angekommen, kann man in Ruhe schön Brotzeit machen und vor allem die fantastische Aussicht genießen: auf die genannten Startorte, den Storfjord und die steil aufragenden Berge dahinter sowie auf Ålesund und das offene Meer in der Ferne.

Ørnesvingen über dem Geirangerfjord (ca. 75 km)

75 km hin und zurück sind in Fjordnorwegen eine tagfüllende Angelegenheit, die sich in diesem Fall aber mehr als lohnt. Schon der Weg zum Aussichtspunkt Ørnesvingen ist einer dieser Wege, auf denen man sich noch mehr freut, dass man in einem Elektroauto emissionsfrei und ruhig unterwegs ist, geht es doch zunächst über weite Strecken am majestätischen Storfjord entlang und dann nach dem Übersetzen mit der Fähre auf dem bis zu 10 % steilen Ørnevegen („Adlerstraße") hinauf zum Ørnesvingen („Adlerkurve") in der obersten der Serpentinen. Der Blick Hunderte Meter hinab in den Geirangerfjord ist einfach atemberaubend: Der Ort selbst und die

↑ In einmaliger Lage verteilt sich die Jugendstilperle Ålesund auf viele Inseln an der norwegischen Küste. Die Stadt ist Halt auf der Hurtigrute und Ausgangspunkt für Fahrten in traumhafte Fjordlandschaften.

↑ Das UNESCO-Weltnaturerbe Geirangerfjord wird nur im Sommer von Kreuzfahrtschiffen befahren, denn im Winter drohen Lawinenabgänge, die hohe Wellen verursachen können. Den schönsten Blick hat man von den Anhöhen ringsum.

großen, weißen Kreuzfahrtschiffe auf dem Fjord wirken von hier oben wie Spielzeug. Eindrucksvoll ist auch, wie der lokale Wasserfall in den Aussichtspunkt integriert wurde, und so möchte man später eigentlich gar nicht mehr zurückfahren.

ÖSTERREICH

↑ Die Zwei-Hauben-Gastronomie verbindet ausgezeichnete Speisen und die hervorragenden Weine des Heurigenhofs mit dem gemütlichen Ambiente eines Kellergewölbes.

HEURIGENHOF BRÜNDLMAYER

Langenlois, Österreich

Der Heurigenhof Bründlmayer im Kamptal in Niederösterreich ist ein Geheimtipp, bei dem Weinkenner und Gourmets ganz auf ihre Kosten kommen, eine wahre Oase des Genusses.

Hotelinfo:

Heurigenhof
Bründlmayer
Walterstr. 14
A-3550 Langenlois
Tel.: +43 2734 2883
Mail: office@
heurigenhof.at
Web: www.
heurigenhof.at

Ladeinfrastruktur:

1 Tesla DeC (nur Tesla)
1 Tesla DeC (alle Evs)

Mitten im Weindorf Langenlois versteckt sich hinter einer unspektakulären Mauer ein Hof – der Heurigenhof Bründlmayer. Ein romantisch von Weinreben umrankter Innenhof empfängt die Gäste. Passend zum schön renovierten Hof sind auch der Weinkeller und das wunderbare Restaurant im Gewölbe. Die jungen Gastgeber Victoria und Martin führen den Heurigenhof inzwischen schon seit über zehn Jahren und tun dies auf höchstem Niveau: professionell, charmant, mit viel Liebe zum Detail, Kreativität und Passion. Hier, im Heurigenhof, isst und trinkt man ausgezeichnet und genießt

die persönliche Gastfreundschaft auch noch anderntags mit einem romantischen Frühstück in einem der liebevoll gestalteten großen Zimmer. Wunderschön angerichtet sind auch die kulinarischen Highlights im Restaurant, natürlich immer begleitet von den passenden Weinen. Ein offenes Feuer sorgt genauso für eine entspannte, angenehme Atmosphäre wie die charmanten Gastgeber, die einen gekonnt in die Welt der Sekte, Weiß- und Rotweine entführen. Die hervorragende Qualität der Speisen wird durch zwei Hauben im Gault Millau bezeugt. Von April bis September bietet zusätzlich der nahe Weingarten den passenden Rahmen für ein Picknick unter freiem Himmel. Zwischen Weinzeilen, Rosen und Weinfässern genießt man bei schönem Wetter hausgemachte Leckereien wie das Bründlmayer-Traubenkernbrot, Kamptaler Wurzelspeck oder geräucherte Bio-Bergforelle.

> *Mr T:* „Wer meint, bei 40 Bründlmayer-Weinen auf der Karte nicht fündig zu werden – es gibt noch 400 Weine aus aller Welt im Keller!"

↑ Heutiger Luxus und Antiquitäten geben den drei Gästezimmern ihren besonderen Charme.

Drei exquisite Gästezimmer

Um den Hof herum verteilen sich die drei entzückenden Gästezimmer, wobei jedes davon ein individuelles Schmuckstück ist. Hochwertig ausgestattet, kombinieren sie modernes österreichisches Design mit ausgesuchten Vintage-Stücken. Boxspringbetten sorgen für einen erholsamen Schlaf, und morgens lässt man sich hier das variantenreiche Winzerfrühstück schmecken, wann immer man erwacht. Begleitet von einem duftenden Kaffee aus der eigenen Espressomaschine, ist man gut gerüstet für den neuen Tag.

Insight Heurigenhof Bründlmayer

Die „kostbaren" Weine des Weinguts Bründlmayer, zu dem der Heurigenhof selbst auch gehört, sind ein weiteres Highlight des Hauses. Die besonderen geografischen und geologischen Bedingungen sind die perfekten Grundlagen für charaktervolle, runde Weißweine. Durch die Hügel des Waldviertels werden die Weinberge vor den nordwestlichen Winden geschützt. Steinige Böden speichern die Sonnenwärme des Tages, nachts kühlt es deutlich ab. Zu sehen sind die edlen Tropfen beim Besuch im beeindruckenden Weinkeller, am besten schmecken die Weine aber beim Verkostungsmenü, dank Ab-Hof-Verkauf auch später noch zu Hause.

↑ Die großzügigen Apartments sind so wohnlich, dass man gern auch einen Tag – z. B. lesend – darin verbringt. Die hauseigenen Produkte haben einen ausgezeichneten Ruf, genießen kann man sie bei gutem Wetter auch gemütlich in der Laube.

IN UND UM LANGENLOIS
Österreich

Im Herzen der österreichischen Weinkultur

Relativ warme Sommertage, kühle Nächte und ein langer sonniger Herbst – das Klima im Kamptal bietet ideale Bedingungen für aussagekräftige Weißweine voller Frucht und Charakter, wie sie z. B. im Weingut Bründlmayer produziert werden.

Schloss Rosenburg (ca. 15 km)

Auf einer kurzen Fahrt erreicht man Schloss Rosenburg, das oberhalb des Flusses Kamp liegt. Das Renaissanceschloss geht auf eine kleine romanische Burg von um 1150 zurück, die zunächst gotisch erweitert wurde. Heute präsentiert sich die weitläufige, aufwendig renovierte Anlage mit ihren zahlreichen Türmen wieder wie im Jahr 1681, als sie durch Heirat in den Besitz der Familie Hoyos-Sprinzenstein kam, die seither den Schlossherren stellt. Das Schloss kann von innen besichtigt werden, im kleinen Museum gibt es neben der Schloss- und Familiengeschichte auch eine Ausstellung über Falknerei. Diese ist eine gute Ergänzung zum Besuch einer der Greifvogelschauen, die von April bis Oktober durchgeführt werden.

Krems an der Donau (ca. 8 km)

Die nächstgelegene Stadt bei Langenlois ist das keine 10 km entfernte Krems an der Donau. Seit 2000 ist seine Altstadt Teil des UNESCO-Welterbes Kulturlandschaft Wachau. Wahrzeichen von Krems ist das Steiner Tor (Bild rechts), dessen markanter Hauptturm

mit dem Doppeladler auf der Spitze von zwei symmetrischen Nebentürmen flankiert wird. In der Piaristenkirche am anderen Ende der Altstadt ist an der gotischen Grundstruktur des Baus noch gut der Einfluss der Wiener Dombauhütte von St. Stephan erkenn-

Mrs T: „Besonders gelungen sind die verschiedenen Arrangements, die Verkostung und Übernachtung verbinden."

bar, der prachtvolle Hochaltar stammt aus der Barockzeit. Doch Krems hat nicht nur historische Pracht zu bieten, sondern auch – im Stadtteil Stein – eine moderne Kunstmeile: Neben Kunsthalle und Karikaturmuseum Krems empfiehlt sich ein Besuch in der 2019 eröffneten Landesgalerie Niederösterreich.

↑ Alt und Neu, Tradition und Design sind die Komponenten dieser so wohltuenden Atmosphäre, die Mark Wiesinger gekonnt miteinander vereint.

HOTEL & VILLA AUERSPERG
Salzburg, Österreich

Die spürbare Liebe zum Detail und persönlicher Service machen das Hotel & Villa Auersperg zu einem charmanten Zuhause, fern vom eigenen Zuhause – ein wunderschönes inhabergeführtes Boutique Hotel und Hideaway in Salzburg.

Hotelinfo:

Hotel & Villa Auersperg
Auerspergstr. 61
A-5020 Salzburg
Tel.: +43 662 889 44-0
Mail:
info@auersperg.at
Web:
www.auersperg.at

Ladeinfrastruktur:

2 Tesla DeC (nur Tesla)
1 Tesla DeC (alle EVs)

Wenn Wolfgang Amadeus Mozart heute in Salzburg leben würde, wäre er vielleicht einer der Kreativen aus dem Andräviertel, in dem das Hotel & Villa Auersperg liegt, und würde hier gerne seinen Morgenkaffee in der A*Bar & Lounge trinken, während er auf dem Laptop sein nächstes Stück komponierte!? Der stylische Raum mit dem riesengroßen Panoramafenster zum Garten ist ein gutes Beispiel dafür, was man erreichen kann, wenn man wie die Gastgeber Bettina und Mark Wiesinger mit Verve und Überzeugung ein außergewöhnliches Hotelprojekt angeht. Seit der Gründung 1960 durch Bettina Wiesingers Großmutter wurden das Hotel und die Villa im Laufe der Jahre peu à peu immer weiter „durchkomponiert": Heute umfasst ihr Haus 55 Zimmer – von Mini bis Superior – und Suiten, die allesamt die Handschrift ihres Mannes tragen, der für das Design- und Lichtkonzept und die Auswahl der Möbel verantwortlich zeichnet.

Stadtrefugium mit Gartenparadies

Besonders schön gelang die Integration des zauberhaften Gartens in das Gesamtkonzept, was das Hotel & Villa Auersperg zum kleinen Refugium in der Stadt macht. Die Gäste – viele davon Stammgäste – schätzen neben der Gastfreundschaft des Ehepaars Wiesinger auch den Nachhaltigkeitsanspruch des Hauses und seine liebenswerten Details: So zwitschern seit Neuestem im Garten nicht nur Vögel, sondern summen auch Bienen, deren Honig ebenso auf dem Frühstückstisch landet wie andere selbst gemachte oder von Salzburger Bio-Lieferanten bezogene Köstlichkeiten. In den Zimmern sorgen ausgesuchte Bücher und Zeitschriften sowie hochwertige Audio-Systeme für ein Extra an Wohnlichkeit. Und wohnlich ist natürlich auch die blumengeschmückte Dachterrasse, auf der man nach einem entspannenden Gang in die Sauna in aller Ruhe den Blick über Salzburg genießen kann. Einige Stockwerke weiter unten tankt derweil der Tesla neue Energie an einem der drei Destination Charger, mit denen das Ehepaar Wiesinger das Haus versehen hat.

> *Mrs T: „Der morgendliche Yoga-Kurs im kleinen, aber feinen Spa über den Dächern von Salzburg hat so richtig gutgetan!"*

↑ Die Mischung aus Design-Klassikern und modernen, mutigen Entwürfen überzeugt durch Eleganz und Leichtigkeit.

↑ Der Garten wurde mit viel Liebe zum Detail angelegt und lädt zum Entspannen mitten in der Natur ein. Bunte Blumeninseln sind nicht nur eine Augenweide, sondern locken auch Bienen und andere Insekten an.

Insight Hotel & Villa Auersperg

Bettina und Mark Wiesinger führen das Stadtrefugium Hotel & Villa Auersperg in der dritten Generation. Immer weiter wuchs im Lauf der Jahre das Gesamtensemble auf seine heutige Größe. Alt und Neu sind hier gekonnt vereint. Vor allem aber ist es das geschmackvolle Innendesign, welches das Hotel auch innerhalb seiner Klasse noch einmal heraushebt. Raffinierte Beleuchtungseffekte, mutige, aber immer stilsichere Farbkombinationen passen zu den unzähligen edlen Einzelstücken des Mobiliars. Dass nur Stoffe und Materialien bester und nachhaltig gefertigter Qualität eingesetzt werden, versteht sich dann eigentlich schon von selbst.

Perfekt spielt das Design mit Licht und Beleuchtung. In den Zimmern sorgen Bücher, Magazine und Audio-Systeme dafür, dass man sich wohl und wie zu Hause fühlt.

IN UND UM SALZBURG
Österreich

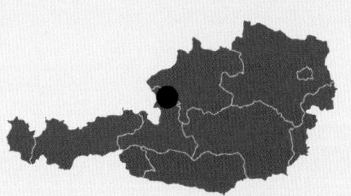

Traumkulisse für Jedermann

Salzburg ist einmalig. So viel Kunst und Kultur, Architektur und Lebenskunst wie hier in einer nur mittelgroßen Stadt versammelt sind, wird es anderswo kaum geben. Dazu beschert das umliegende Alpenpanorama auch noch ein bezauberndes Landschaftsbild. Grund genug, sich klimafreundlich zu Fuß näher umzusehen.

to celebrate

Die stets im Sommer stattfindenden Salzburger Festspiele sind sicher eines der bekanntesten Kunstfestivals auf der Welt und widmen sich dem Schauspiel, der Oper und dem Konzert. Traditionell steht immer die Freilichtaufführung des „Jedermann" von Hugo von Hofmannsthal auf dem Domplatz mit auf dem Programm, ansonsten gehen Opernaufführungen und Konzerte der Extraklasse über die Bühne. Die Spielstätten sind neben dem Domplatz das „Haus für Mozart", die Felsenreitschule und das Große Festspielhaus.
Salzburger Festspiele
www.salzburger
festspiele.at
Juli–August

Festung Hohensalzburg (2 km)

Salzburgs Wahrzeichen ist die von weither sichtbare Festung Hohensalzburg auf dem Festungsberg oberhalb des historischen Zentrums. Die Anlage geht auf eine kleine Burg aus dem Jahr 1077 zurück und wurde bis in die Zeit des Dreißigjährigen Krieges immer weiter ausgebaut, um die Stadt und das Fürsterzbistum Salzburg vor Angriffen zu schützen. So entstanden 1633 bis 1645 die weitläufigen Bastionen, die die Hauptburg umgeben und die den optischen Eindruck der Festung bis heute prägen. 1861 wurde die Festungsfunktion aufgehoben. Zur Besichtigung der größten vollständig erhaltenen Burganlage Europas gehören neben den Fürstenzimmern und dem Salzmagazin auch das Marionettenmuseum Salzburg und das Museum des K.u.k. Infanterie-Regiments Erzherzog Rainer Regiment Nr. 59.

Mozarts Geburtshaus (ca. 1 km)

Getreidegasse 9 – die eher unspektakuläre Adresse ist Ziel fast aller Salzburg-Besucher, wurde hier doch am 27. Januar 1756 Wolfgang Amadeus Mozart geboren, der berühmteste Sohn der Stadt. Der als Wunderkind gefeierte Musiker und Komponist verbrachte seine Kindheit und Jugend in dem gelb gestrichenen Haus, in dem heute ein Museum untergebracht ist. Man sieht eine rekonstruierte bürgerliche Wohnung aus dem 18. Jahrhundert,

Mr T: „Toll, dass das Hotel der Gemeinwohlökonomie verpflichtet ist und für eine ausgewogene Work-Life-Balance des Teams sorgt."

wie sie auch Familie Mozart bewohnt haben könnte, und kann zahlreiche Originalurkunden, Briefe und Erinnerungsstücke aus Mozarts Leben in Salzburg, nicht zuletzt seine Kindergeige und ein Klavichord betrachten. Jährlich wechselnde Sonderausstellungen bieten auch Mozart-Kennern noch interessante Einblicke.

Schloss Mirabell (ca. 1 km)

Im Jahr 1606 entstand Schloss Mirabell im historischen Zentrum. Bauherr war Fürsterzbischof Wolf Dietrich von Raitenau, der es für seine Geliebte Salome Alt errichten ließ. Spielte seinerzeit also beim ganzen Schloss die Liebe die Hauptrolle, so heute noch im

Marmorsaal, der als einer der „schönsten Trauungssäle der Welt" gilt. Betritt man den auch für die Schlosskonzerte genutzten Saal über die von Putten gesäumte „Engelstreppe", so gehört nicht viel Fantasie dazu, vor dem geistigen Auge Vater Leopold Mozart und seine Kinder Wolfgang Amadeus und Nannerl zu sehen, die hier vor über 250 Jahren auftraten. Der Mirabellgarten vor dem Schloss hingegen wurde 1690 angelegt und ist immer noch gut als barocke geometrische Gartenanlage erkennbar, deren Sichtachse genau auf den Dom und die Festung Hohensalzburg ausgerichtet ist.

Museum der Moderne (ca. 2 km)

An zwei Standorten – dem frühbarocken Rupertinum im historischen Zentrum sowie dem futuristischen Neubau samt Studienzentrum auf dem Mönchsberg – präsentiert das Museum der Moderne Salzburg seine Ausstellungen. Das Spektrum reicht von der klassischen Moderne über Konzeptkunst und Lichtinstallationen bis hin zu audiovisuellen Medien. Das Museum ist zugleich das führende Kompetenzzentrum für österreichische Fotografie nach 1945. Ein neuerer Schwerpunkt sind Werke von außereuropäischen Künstlerinnen und Künstlern sowie – seit 2014 als Dauerleihgabe – Exponate aus der Sammlung der Generali Foundation.

Dom (ca. 1 km)

Der Salzburger Dom ist als Teil des historischen Zentrums der Stadt UNESCO-Welterbe und die Kathedrale des römisch-katholischen Erzbistums Salzburg. Seit dem ersten romanischen Dom von 744 ist die 1614 bis 1628 errichtete barocke Kathedrale bereits der dritte Bau, da immer wieder Feuersbrünste ihren Tribut forderten. Während die Westfassade aus Untersberger Marmor – einem hellen Kalkstein – mit ihrem Figurenschmuck und den beiden 81 m hohen Türmen hervorsticht, ist der Rest der Fassade schlicht gehalten. Im

↑ Die zeitweise in einer Glaspyramide verborgene Marienstatue vor dem Salzburger Dom stammt aus der zweiten Hälfte des 18. Jahrhunderts. Die Kathedrale selbst entstand fast 150 Jahre früher als erster frühbarocker Kirchenneubau nördlich der Alpen.

↑ Nicht nur Hochzeitspaare und ihre Gäste lassen sich gern von der Schönheit des barocken Schlossparks mit seinen gepflegten Rabatten, dem Brunnen und vielen Skulpturen – darunter einige Kleinfiguren im sogenannten Zwerglgarten – verzaubern.

Inneren des dreischiffigen Doms ist dann erneut die ganze Pracht der Bauepoche zu sehen, die in den Orgeln und der 71 m hohen Kuppel mit Gemälden aus dem Alten Testament gipfelt.

↑ Moderne Akzente verleugnen nicht die Tradition des alpenländischen Familienbetriebs. Ob der Genuss von Luxus, Wellness und gehobener Kulinarik im Sommer oder im Winter mehr Spaß macht, muss jeder für sich entscheiden.

HOTEL MOHR LIFE RESORT
Lermoos, Österreich

Moderner alpenländischer Stil und ein großer Wellness-Bereich mit Zugspitzblick machen den Aufenthalt im familiengeführten Hotel MOHR life resort zu einem unvergesslichen Erlebnis.

Hotelinfo:

Hotel MOHR life resort
GmbH & Co. KG
Innsbrucker Straße 40
A-6631 Lermoos/Tirol
Tel.: +43 56732362
Mail: willkommen@
mohr-life-resort.at
Web: www.mohr-life-
resort.at

Ladeinfrastruktur:

1 Tesla DeC (nur Tesla)
1 Tesla DeC (alle EVs)
8 Tesla SuC (nur Tesla)

Ein Hotel mit einem eigenen kleinen Museum – das dürfte es nicht oft geben! Aber es können wohl auch außerhalb der größeren Städte nicht viele Häuser auf über 210 Jahre Hotelgeschichte – und das mit bis heute unverbaut gebliebenem Zugspitzblick – zurückschauen. Was 1806 in Lermoos als Gasthof begann, hat sich über mehrere Generationen zum Vier-Sterne-Superior Hotel entwickelt: zum Hotel MOHR life resort. Das immer noch familiengeführte Haus verbindet modernen alpenländischen Stil außen mit designorientierter Wohlfühlatmosphäre innen,

Mr T: „Das supergroße Spa- und Freizeitangebot des Hotels selbst lässt eigentlich gar nicht viel Zeit, die Umgebung zu erkunden …"

ohne dabei je seinen Ursprung zu vergessen. Warme Holztöne dominieren die hellen Zimmer und Suiten, deren Bandbreite von komfortablen Doppelzimmern bis zum luftigen Penthouse mit offenem Kamin oder der orientalisch angehauchten „Garten Spa Suite" mit großer Privatterrasse reicht. Doch wie heißt es so schön: „Keine Regel ohne Ausnahme!" Die neue „007-Suite" ist als einzige technisch-modern gestylt, Design-Klassiker im Bauhausstil setzen Akzente. Und nur im Loungebereich dieser Suite gibt es die große Panoramascheibe, hinter der man – quasi wie in einem James-Bond-Film – den eigenen (Elektro-)Wagen in einem Privatteil der Tiefgarage sehen kann!

Optimale Entspannung

Aufgenommen wird der moderne Stil der „007-Suite" auch in der kubischen Architektur des erst im November 2018 eröffneten MOHR escape. Dieser an das Haupthaus angegliederte, nur für Erwachsene zugängliche Wellness- und Spa-Bereich ist aus Sichtbeton, der in Verbindung mit dem Zugspitzblick eine ganz eigene Wirkung entfaltet. Relax-Lounges, ein Saunabereich und verschiedene Wellnessangebote sorgen für optimale Entspannung. Damit diese auch kulinarisch unterstützt wird, lautet das Motto im Restaurant des MOHR life resort „Alles außer fad!". Die Küche bietet einen Mix aus tirolerischen Spezialitäten und Crossovergerichten. In den Worten des Hotels: „das Beste von der Heimat, extravagant und gekonnt kombiniert mit dem Besten von hier und da".

↑ Das Zugspitzmassiv beherrscht die weite Hochebene, in der Lermoos und die Nachbargemeinde Ehrwald liegen.

↑ Der Panorama-Indoor-Pool bietet fantastische Ausblicke in die umliegende Bergwelt, doch er ist selbst so schön, dass sich der Blick auch gern nach innen wendet.

Vom – großzügigen – Doppelzimmer bis zu luxuriösen Suiten mit Panoramawanne oder Kamin reicht das weite Spektrum für ↑ genussvolle Übernachtungen.

↑ Im lichtdurchfluteten, durchsehbaren Betongerüst des MOHR escape befindet sich der exklusive neue Spa-Bereich des Hotels, davor ein Außenpool mit überwältigendem Blick in die Bergwelt.

Insight Hotel MOHR life resort

Mit dem MOHR escape hat das ohnehin auf Wellness spezialisierte Hotel sein Erholungsareal noch einmal deutlich vergrößert. Moderne Architektur, die sich perfekt in die Landschaft einfügt, und ein großzügiger und riesiger Outdoor-Pool schaffen einen Raum, der ganz der Ruhe, der Erholung und der Selbstfindung gewidmet ist. Im Escape-Gebäude kreieren 26 multisensorale Rauminstallationen eine Atmosphäre, die sich völlig dem momentanen Empfinden verschreibt und die ruhelosen Gedanken an den Alltag abschaltet. So können die Gäste in Raum und Wasser und dadurch in tiefste Erholung eintauchen.

Moderne Design-Objekte zeigen, dass das Hotel der Gegenwart verpflichtet ist. So kommt zur Entspannung im MOHR escape ↑ noch die anregende Atmosphäre einer wirklich extravaganten und luxuriösen Inneneinrichtung hinzu.

IN UND UM LERMOOS
Österreich

Immer mit Blick auf die Zugspitze

Die beiden Gemeinden Lermoos und Ehrwald liegen auf einer ca. 1000 m hoch gelegenen weiten Ebene, früher eine Sumpflandschaft, direkt unter dem Zugspitzmassiv. Relativ schneesicher, bietet die Ferienregion winters wie sommers viele Möglichkeiten für die aktive oder sportliche Freizeitgestaltung.

to celebrate

Die Zeitreise ins Mittelalter dauert vom Hotel aus nur 20 Minuten und ebenso viele Kilometer: Jedes Jahr finden Ende Juli auf der Burgruine Ehrenberg bei Reutte die Ritterspiele Ehrenberg statt. Auf einem der größten Events dieser Art in Europa gibt es Turniere zwischen edlen Rittern zu sehen, kämpfen Truppen in der Schlacht um Ehrenberg und paradieren Spielmannszüge – in den Uniformen verschiedener Epochen – bei der Ehrenberg Parade. Auf dem Mittelaltermarkt bieten Handwerker und Marketenderinnen ihre Waren an und in den Lagern der Landsknechte kann man den Alltag der Soldaten nacherleben.

Ritterspiele Ehrenberg Reutte in Tirol www.ritterturniere.com Ende Juli

Grubigstein (ca. 1 km)

Der Grubigstein ist der „Hausberg" von Lermoos – erhebt sich der 2233 m hohe Gipfel doch direkt südwestlich der Ortschaft. Im Winter ist der Berg ein beliebtes Skigebiet, das über eine Seilbahn von Lermoos aus erschlossen wird. Mit ihr erreicht man nicht nur viele Abfahrten in unterschiedlichen Schwierigkeitsgraden, sondern auch die Grubighütte auf 2050 m direkt an der Bergstation. Tiefer, auf 1753 m, liegt die Wolfratshauser Hütte, die der Deutsche Alpenverein betreibt. Auch im Sommer, wenn viele Wanderer direkt vom Tal aus aufsteigen, sind die Hütten ein erstes Ziel. Wer dann noch ganz hinauf auf den dreigipfeligen Berg möchte, muss sehr trittsicher sein, da das Gelände schrofig ist – steil, felsig, mit Gras und oft auch Geröll durchsetzt.

Seebensee (ca. 7 km)

Sind die Wanderschuhe eingepackt? Prima, dann steht einer Tour zum Seebensee nichts im Wege. Der kleine Hochgebirgssee liegt auf etwa 1650 m Höhe inmitten unberührter Natur samt atemberaubender Blicke auf das Zugspitzmassiv, den Vorderen Tajakopf, den Vorderen Drachenkopf und die Ehrwalder Sonnenspitze. Am einfachsten erreicht man den Seebensee von der Lermooser Nachbargemeinde Ehrwald aus: Vom Parkplatz am südlichen Ortsrand aus geht der etwa 8,5 km lange Forstweg über die Ehrwalder Alm und

Mrs T: „Zusammen auf einer Relax-Lounge im MOHR escape den Zugspitzblick genießen – das ist ganz großes Kino!"

etwa 600 Höhenmeter hinauf. Kurz vor dem Seebensee kommt man an der in der Sommersaison bewirtschafteten Seebenalm vorbei, sodass auf dem Rückweg „zur Belohnung" eine zünftige Brotzeit möglich ist.

Tiroler Zugspitzbahn (ca. 7 km)

Die Zugspitze ist zwar mit 2962 m Deutschlands höchster Berg, aber mit der Tiroler Zugspitzbahn kommt man auch von österreichischer Seite aus hinauf. Und zwar schon etwas länger als von Bayern aus, nämlich von Juli 1926 an. Die damals als erste Seilbahn Tirols fertiggestellte Bahn reichte allerdings nur bis auf 2805 m, der bis Juli 1991 erfolgte Neubau hingegen geht nun ganz bis zum

Westgipfel hinauf. In der dortigen Bergstation informiert ein kleines Museum über den technisch aufwendigen Bau der beiden Bahnen. Die heutige, längere erschließt so zugleich für die Gäste in Leermoos oder Ehrwald das jenseits des Westgipfels – und damit in Deutschland – liegende Gletscherskigebiet am Zugspitzplatt.

Reutte (ca. 20 km)

Der nächste größere Ort von Lermoos aus ist die etwa 20 km im Nordwesten liegende Marktgemeinde Reutte. Rund um den Obermarkt liegen einige sehenswerte Häuser wie das Gebäude der Bezirkshauptmannschaft mit seinem geschwungenen Giebel aus dem späten 18. Jahrhundert oder der dreigeschossige Gasthof Schwarzer Adler mit seiner klassizistischen Fassadenmalerei. Ein Highlight ganz besonderer Art erstreckt sich am südlichen Ortsrand von Reutte: die highline179. Mit 403 m Länge in bis zu 115 m Höhe verbindet diese längste Fußgängerhängebrücke der Welt die Ruine der 1296 erbauten Burg Ehrenberg und Fort Claudia aus dem 17. Jahrhundert, die einst die seit der Römerzeit genutzte Transitroute durch die Alpen schützten.

Tiroler Zugspitz Golf (ca. 2 km)

Etwa 2 km nach Osten liegt der Golfplatz Tiroler Zugspitz Golf. Der 9-Loch-Platz, auf dem auch 18-Loch-Runden möglich sind, bietet mit seinen sanft in die Landschaft eingebetteten Bahnen für Anfänger und Fortgeschrittene gleichermaßen ideale Bedingungen für ein „schönes Spiel". Immer mit dabei: der fantastische Blick auf das Zugspitzmassiv. Ergänzt wird die moderne Anlage mit ihrem ausgewogenen Mix aus Par-3-, Par-4- und Par-5-Löchern durch eine großzügige Driving Range. Wer gleich mehrfach spielen möchte, sollte sich die Greenfee Card Wetterstein4Golf kaufen, die auch auf drei weiteren Plätzen in der Region gilt. Und wer einfach in guter Tradition nach dem Spiel noch

↑ Die ersten (und landschaftlich noch nicht ganz so spektakulären) 400 Höhenmeter von Ehrwald zum Seebensee kann man sich durch ein Ticket für die Ehrwalder Almbahn ersparen. Und wer am See vorbei noch weiter möchte, kann nach 250 recht steilen Höhenmetern seine Brotzeit in der Coburger Hütte nehmen.

↑ Spektakulär ist der Weg vom Fort Claudia zur Burgruine Ehrenberg über die Fußgängerhängebrücke highline179 bei Reutte. Ein wenig schwindelfrei sollte man schon sein, wenn man über 100 m über dem Abgrund läuft und für die 400 m weite Strecke inklusive Stopps fürs Schauen etwa 10 bis 15 Minuten unterwegs ist.

das „19. Loch" ansteuern möchte, findet dies in Form des Restaurants Golfino im Clubhaus, dessen moderne Architektur an einen Golfball erinnert!

HOTEL KITZHOF
Kitzbühel, Österreich

Am Rande des im Sommer und vor allem im Winter beliebten Alpenortes Kitzbühel liegt das Hotel Kitzhof Mountain Design Resort, das sich wie ein individuelles Boutique Hotel anfühlt, obwohl es relativ groß ist.

Hotelinfo:

Hotel Kitzhof Mountain
Design Resort
Schwarzseestr. 8-10
A-6370 Kitzbühel
Tel.: +43 5356 63 21 10
Mail: info@hotel-kitzhof.com
Web: www.hotel-kitzhof.com

Ladeinfrastruktur:

2 Tesla DeC (nur Tesla)
1 Tesla DeC (alle EVs)

Das Tal ist weit, und auf beiden Seiten der Straße fällt der Blick bei der Anfahrt zum Hotel Kitzhof in Kitzbühel auf die Tiroler Bergwelt. Weitläufig wie die Landschaft ist auch das Hotel selbst – die 168 Zimmer verteilen sich auf mehrere Gebäude, was dem Ensemble trotz der Größe einen charmanten Charakter verleiht. Dazu trägt auch die unaufdringliche Freundlichkeit des Hotelteams bei. In den geschmackvollen Zimmern fehlt es an nichts – je nach Kategorie gibt es von der Profi-Kaffeemaschine über eine gemütliche Sitzecke bis hin zur frei stehenden Badewanne mit Zweitfernseher im Bad alles und noch mehr. Weißer Hirsch heißt das sehr gute Restaurant

Mrs T: „Für Leseratten liegen Zeitschriften und Bücher bereit. So könnte man sich im Kitzhof für Wochen einmieten und wohlfühlen.“

des Hauses, in dem neben dem Frühstück auch das Abendessen serviert wird. Das Angebot an frischen Speisen ist groß, der Blick von den Tischen in den Garten und auf die Berge traumhaft. Schön ist auch, dass der moderne Spa-Bereich mit großem Indoor-Pool und Saunen bis 22 Uhr geöffnet hat, man also auch nach dem Essen etwas für die Fitness tun kann, wenn man es sich nicht an der Hotelbar mit dem offenen Kamin gemütlich macht.

IN UND UM KITZBÜHEL
Österreich

Perfekte Urlaubsregion in Tirol

Kitzbühel ist eine mondäne Adresse für den Wintersport: Im tollen Skigebiet kann man schon mal bekannte Gesichter den Berg hinabwedeln sehen. Aber der Ort und die Landschaft sind auch einfach zu schön – und sie bieten nicht nur im Winter super Sportmöglichkeiten. Ebenso kann man im Sommer wandern, bergsteigen oder z. B. die Golfschläger schwingen.

Hahnenkamm (ca. 1 km)

Die Talstation im legendären Skigebiet Hahnenkamm ist gerade einmal zehn Fußminuten vom Hotel entfernt. Oben an der Bergstation angekommen, befindet sich der Start zur extrem steilen Streif-Rennstrecke, auf der jedes Jahr im Januar die besten Skirennfahrer um den Sieg beim Hahnenkamm-Rennen ringen. Für „Normalskifahrer" empfiehlt sich definitiv die Abfahrt über die Streif-Familienabfahrt, die davon abzweigende Kampen oder die Asten – das Ziel aller vier Pisten befindet sich in einem 150 m breiten Bereich unten an der Talstation. Doch auch im Sommerhalbjahr ist der Hahnenkamm ein beliebter Ort für Besucher Kitzbühels, bietet er doch einige schöne Wanderrouten mit spektakulären Ausblicken sowie mehreren Hütten für die gemütliche Einkehr zu einer zünftigen Brotzeit.

Golfclub Kitzbühel (ca. 2 km)

Der 1955 gegründete Golfclub Kitzbühel ist der traditionsreichste der drei Golfclubs in der Gegend. Am Fuße von Schloss Kaps erstreckt sich der von altem Baumbestand und viel Wasser geprägte 9-Loch-Platz, auf dem über die Jahre zahlreiche Meisterschaften ausgetragen wurden. Spielt man hier eine Runde, so hat man auf nahezu jeder Bahn eine fantastische Bergkulisse im Hintergrund des Greens – die Jochberger Berge, den Wilden

Mr T: „Kitzbühel ist ein schönes Dorf mit den schicksten Boutiquen, jeder Menge Wanderwegen und Skipisten mit Weltruhm."

Kaiser oder den Hahnenkamm. Die Terrasse des angeschlossenen Steakhouse Kaps zwischen 1. Abschlag und 9. Green ist dann nach einer schönen Runde auch der richtige Ort, um den Golftag mit einer kühlen Erfrischung oder einem leckeren Essen gepflegt ausklingen zu lassen.

to drink

Die Kurzreise in die britische Hauptstadt dauert nur fünf Minuten: Betritt man das außen typisch Tiroler Haus und sieht man innen über der typischen Pub-Bar das Straßenschild „Oxford St. W1", so ist man schon angekommen. In dem von einem Engländer und seiner Kitzbühler Ehefrau 1976 gegründeten The Londoner treffen sich das ganze Jahr über abends Einheimische und Touristen auf ein kühles Bier, einen aromatischen Gin oder Whisky. Und im Unterschied zur Insel ist hier die Sperrstunde erst um 4 Uhr morgens.

The Londoner
Franz-Reisch-Str. 4
www.thelondoner.at

HOTEL POST BEZAU BY SUSANNE KAUFMANN

Bezau im Bregenzerwald, Österreich

Inmitten des malerischen Bregenzerwalds liegt das Hotel Post Bezau by Susanne Kaufmann. Dank der Kombination aus puristischem Design, Nachhaltigkeit sowie Angeboten zum Wellnessen und Gesundwerden fühlt man sich hier sofort wohl.

Hotelinfo:

Hotel Post Bezau by
Susanne Kaufmann
Brugg 35
A-6870 Bezau
Tel.: +43 55 14 22 07-0
Mail: welcome@
hotelpostbezau.com
Web: www.
hotelpostbezau.com

Ladeinfrastruktur:

2 Tesla DeC (nur Tesla)
2 Tesla DeC (alle EVs)

Mrs T: „Im komplett weißen, modernen Beautybereich tritt man in eine andere Welt ein. Alle Anwendungen sind von höchster Qualität."

Erst im Sommer 2019 hat das vor 150 Jahren entstandene Hotel Post Bezau als Hotel Post Bezau by Susanne Kaufmann wiedereröffnet. Der erweiterte Name verweist auf den neuen Ansatz: die noch stärkere Integration des ganzheitlichen Wellness- und Beautykonzepts der Hotelbesitzerin und Namensgeberin, die auch für ihre Kosmetiklinie bekannt ist. So ist das aus einem historischen Bregenzerwalder-Haus und einem modernen holzverkleideten Anbau bestehende Hotel ein idealer Ort, um in der Abgeschiedenheit der Berge abzuschalten. Die Zimmer mit viel Holz und großen Panoramascheiben tragen dazu ebenso bei wie die entspannte Souveränität des ganzen Hotelteams. Im Behandlungsraum im hauseigenen Spa kann man sich vertrauensvoll den wohltuenden Handgriffen der Experten anvertrauen. Bei allen Anwendungen kommen ausschließlich lokal hergestellte Produkte zum Einsatz, Gleiches gilt für das Restaurant im Haupthaus. Ob Vorspeise, Hauptgang – darunter viele vegetarische Optionen – oder Dessert: Natürlichkeit und Nachhaltigkeit werden großgeschrieben.

IN UND UM BEZAU
Österreich

Waldesruhe und Bergesglück

Der Bregenzerwald bietet Skigebiete, Wanderrouten vom Feinsten, Fahrradrouten in allen Schwierigkeitsstufen und alle anderen Freizeitmöglichkeiten einer typischen Alpenregion. Aber es geht ein wenig ruhiger zu, entspannter. Dabei kommt der Genuss nicht zu kurz, wie z. B. allein die Vielzahl sehr guter Restaurants unter Beweis stellt.

Bregenz (ca. 34 km)

Etwa eine halbe Autostunde vom Hotel entfernt liegt Bregenz in dem schmalen Bereich zwischen dem Ufer des Bodensees, dem Hausberg Pfänder sowie der Schweizer Grenze (siehe Seite 205). Die Vorarlberger Landeshauptstadt ist bedeutender, als man es bei einer Größe von knapp 30 000 Einwohnern erwarten würde. Internationales Renommee genießen die Bregenzer Festspiele mit Inszenierungen auf der eindrücklichen Seebühne sowie der Bregenzer Frühling – ein großes Tanzfestival mit Teilnehmern aus aller Welt. Bei einem Bummel durch die Innenstadt empfiehlt sich auch ein Abstecher zur Promenade und zum Hafen am Bodensee, alternativ ein Besuch des preisgekrönten Kunsthaus Bregenz mit seinem Schwerpunkt auf zeitgenössischer Malerei.

Bregenzerwald (ca. 5 km)

Bezau ist Teil des Bregenzerwalds, einer sanften – heute mehr durch Grasland und vereinzelte Ortschaften geprägten – Landschaft im Einzugsbereich der Bregenzer Ach am Nordrand der Alpen. Dies macht den Bregenzerwald im Sommerhalbjahr zu einem beliebten Wandergebiet und zum Ziel von Mountainbikern, während im Winterhalbjahr hier Skifreunde auf ihre Kosten kommen. Doch bei aller Beliebtheit bleibt die Atmosphäre hier ruhiger als in Tirol oder am

Mr T: „Der Wellnessbereich ist dreistöckig: oben das Outdoor-Solebad, eine Etage tiefer Saunen und Whirlpool, darunter der Pool."

Arlberg. Da im Bregenzerwald traditionell viel Milchwirtschaft betrieben wird, gibt es mit der „Käsestraße Bregenzerwald" einen Zusammenschluss von Bauern und Gastwirten, bei denen man den bei Gourmets hochgeschätzten Bergkäse erstehen kann.

to eat

Da wäre man gern in die Schule gegangen: In Krumbach, knapp 30 Minuten Fahrt von Bezau entfernt, serviert eine der noch nicht allzu zahlreichen Gourmetköchinnen ihren Gästen im Restaurant Schulhus hervorragendes Essen, „natürlich" aus regionalen Zutaten, „natürlich" mit lokalem Einschlag. Gabi Strahammer setzt nicht auf Überraschungen oder exotische Zubereitungen, dafür ist einfach alles perfekt! Passende Weine, überwiegend aus Österreich, bietet der gut sortierte Keller selbstverständlich ebenfalls.

Schulhus
Glatzegg 58
6942 Krumbach
www.schulhus.at

↑ Nördlich von Bezau erhebt sich ein Bergkamm, dessen höchster Punkt die Winterstaude mit 1877 m ist. Eine schöne, aber durchaus anspruchsvolle Wanderung verläuft auf dem Grat zwischen den Gipfeln des Kamms.

angekommen, kann man entweder gleich in das Panoramarestaurant einkehren und den Blick auf die umliegenden Gipfel und hinunter ins Tal genießen – oder sich die Brotzeit zunächst mit einer kleinen Rundwanderung „verdienen". Auf einem guten Pfad geht es zunächst zur Hinteren Niedere und dann linker Hand weiter zur Vorderen Niedere und zum Aussichtspunkt Fallkopf, bevor man die kleine Bergkapelle und die Alpe Niedere erreicht. An Tagen mit guter Thermik starten von hier aus Paraglider zu ihren Flügen. Zu Fuß hingegen ist man nach einigen Minuten wieder an der Bergstation des Baumgarten. Spätestens jetzt heißt es aber: Einkehr!

Wälderbähnle Museumsbahn (ca. 1 km)

Die Bahnlinie von Bregenz nach Bezau war vor über 100 Jahren die einzige größere Verbindung im Bregenzerwald. Heute verkehrt von Ende Mai bis Anfang Oktober am Wochenende eine historische Dampflok mit einigen Waggons des Wälderbähnle – wie die Museumsbahn liebevoll genannt wird – auf einem etwa 5 km langen Teilstück der alten Trasse von Bezau nach Schwarzenberg und zurück. Weitere Fahrten gibt es im Juli und August auch am Mittwoch sowie zu besonderen Anlässen wie dem Nikolaustag, wenn der heilige Nikolaus und Knecht Ruprecht im Zug kleine Geschenke verteilen. Aber auch für Hochzeiten, Geburtstage und andere Anlässe kann das Wälderbähnle zum Feiern im Fahren gebucht werden.

Baumgarten und Alpe Niedere (ca. 2 km)

Der Hausberg von Bezau ist der 1649 m hohe Baumgarten, auf den auch die Seilbahn Bezau hinaufführt (siehe Bild Seite 203). Oben

Heimatmuseum Bezau (ca. 1 km)

Am südlichen Ortsrand von Bezau liegt das Heimatmuseum Bezau. Es ist in einem für die Region Bregenzerwald typischen, mit Holzschindeln verkleideten Bauernhaus aus dem 18. Jahrhundert untergebracht. Betritt man die Küchen- und Wohnräume im Museum, fühlt man sich selbst in diese Zeit zurückversetzt und bekommt eine gute Vorstellung davon, wie der Alltag der Menschen auf dem Land früher aussah: Gekocht wurde an einer offenen Feuerstelle, den herzhaften Käse aus der Milch der Almkühe stellte man an der Senngelegenheit her. Die Stube wurde mit einem urigen Lehmofen beheizt und im holzgetäfelten Elternschlafzimmer gab es ein hölzernes Himmelbett. Historische Trachten und Stickereien des Bregenzerwalds sowie landwirtschaftliche Gerätschaften vervollständigen den Eindruck vom Leben damals.

BERGLAND DESIGN- & WELLNESSHOTEL
Sölden, Österreich

Im Tiroler Urlaubsort Sölden liegt das Bergland Design- und Wellnesshotel Sölden.
Das familiengeführte Haus ist ideal, um im Spa-Bereich zu entspannen oder vom
Hotel aus zu Aktivitäten in die Berge aufzubrechen.

Hotelinfo:

Bergland Design- und
Wellnesshotel Sölden
Dorfstr. 114
A-6450 Sölden
Tel.: +43 52 54 22 40-0
Mail: info@bergland-
soelden.at
Web: www.bergland-
soelden.at

Ladeinfrastruktur:

2 Tesla DeC (nur Tesla)
1 Tesla DeC (alle EVs)

Inmitten der Ötztaler Alpen bietet das Bergland Design- und Wellnesshotel Sölden Fünf-Sterne-Komfort, der auch schon Bond-Darsteller Daniel Craig während der Dreharbeiten zu *Spectre* überzeugt hat. Das von Elisabeth und Sigi Grüner sowie ihrer Familie geführte moderne Haus nimmt in der Gestaltung der Zimmer und Suiten gekonnt Bezug auf das alpine Umfeld. Holz, Filz sowie warme natürliche Farben zaubern eine ganz eigene, harmonische Wohlfühlatmosphäre. Entspannung pur bietet auch das Sky Spa, der 1700 m² große Wellnessbereich des Hotels auf dem Dach mit Panoramablick auf die umliegenden Berge. Pool und Sauna, Yoga und Fitness, Beautyanwendungen und Massagen

> *Mrs T: „Im großen Pool mit Alpen-Panoramablick in den Tag starten und sich abends in der Sauna von der Tiroler Bergwelt erholen – großartig!"*

– hier wird für jeden Wunsch das Passende geboten. Wer auf sportliche Outdoor-Aktivitäten setzt, startet direkt vom Hotel zu einer Wanderung oder zu einer Radtour und im Winter hinauf zu den Skipisten. Den Hunger stillt dann abends ein Mehrgängemenü, im Winterhalbjahr haben zusätzlich das Gourmetrestaurant Black Sheep mit den von Chefkoch Stephan Muhr kreierten Degustationsmenüs sowie das Wine & Dine mit seinem À-la-Carte-Angebot geöffnet.

IN UND UM SÖLDEN
Österreich

Hochalpine Grenzregion zwischen Österreich und Italien

Über die Alpen führen viele Pässe. Meist nutzt man die tunneldurchbohrte Gotthardstrecke oder den 1370 m hoch gelegenen Brenner. Viel erlebnisreicher aber ist eine Fahrt über das Timmelsjoch. Hier ist nicht ankommen, sondern unterwegs sein die Maxime.

007 Elements (ca. 5 km)

„Bond, James Bond", heißt es seit Sommer 2018 regelmäßig auf dem Gaislachkogl: Mit 007 Elements entstand auf 3040 m Seehöhe eine Erlebniswelt rund um den britischen Geheimagenten, deren futuristische – und größtenteils unterirdische – Anlage wie das geheime Hauptquartier von einem der Bond-Filmbösewichte wirkt. Neun Räume auf zwei Ebenen mit Videoinstallationen, Originalutensilien, einer nachgestellten Actionszene mit einem Flugzeug (siehe Bild), Soundeffekten und interaktiven Stationen zum auch auf dem Gaislachkogl gedrehten Bond-Film „Spectre" sowie den über 20 anderen Filmen der Reihe lassen das Herz aller Bond-Fans rasen. Die Nerven beruhigt dann wieder der Blick aus einem der Panoramafenster auf die stille Weite der Ötztaler Alpen.

Timmelsjoch Hochalpenstraße (ca. 15 km, Strecke Obergurgl nach Meran ca. 60 km)

Südlich von Sölden ist Italien zum Greifen nah: Bei Untergurgl beginnt die Timmelsjoch Hochalpenstraße, die bis auf rund 2500 m hinaufführt. Die mautpflichtige Panoramastraße gilt als eine der schönsten Tirols. Umso angemessener ist es, die traumhafte Landschaft leise und emissionsfrei zu durchfahren und die zwölf Kehren auf österreichischer Seite hinauf zur Passhöhe elek-

Mr T: „Wir haben im Bergland mit dem Agenten Seiner Majestät quasi unter einer Decke gesteckt."

trisch angetrieben zu erklimmen – vorbei an einem Steg, der weit über das Ötztal hinausragt, und einer Installation, die an die früher hier zahlreichen Schmuggler erinnert. Oben informiert das Passmuseum über den Bau der Straße. Die Installationen Fernrohr sowie Granat liegen bereits auf italienischer

to eat

Die ideale Ergänzung zum Besuch des 007 Elements ist die Einkehr im Ice Q auf dem Gaislachkogl: Das höchstgelegene Haubenrestaurant Österreichs diente als Kulisse des Bond-Films „Spectre" und bietet tagsüber Gourmetküche.

Ice Q
Bergstation Gaislachkoglbahn
Dorfstraße 115
6450 Sölden
www.iceq.at

↑ Die Wildspitze überblickt mit 3774 m als höchste Erhebung die Ötztaler Alpen und damit zugleich den Naturpark Ötztal. Der zweithöchste Berg Österreichs wird sommers wie winters gern bestiegen, ein anspruchsvolles Unterfangen, das über Gletscher und schwieriges Gelände führt.

to celebrate

Seit der Saison 2000/01 bilden die Rennen des Alpinen Skiweltcups am Rettenbachferner in Sölden jährlich den Auftakt zum Weltcupwinter. Je ein Riesenslalomrennen der Herren und Damen führen vom Start in über 3000 m ins Ziel auf 2680 m Höhe. Die Zuschauer kommen mit einem Pendelbus in die Zielarena, wo sie die Skifahrer bejubeln.

Saisonauftakt Alpiner Skiweltcup Riesenslalom
www.soelden.com/skiweltcup
Ende Oktober

Seite und gewähren schöne Ausblicke auf das Passeiertal.

Ötzi-Dorf in Umhausen (ca. 25 km)

1991 wurde am Tilsenjoch die etwa 5250 Jahre alte Gletschermumie „Ötzi" gefunden. Wie das Leben der Menschen seinerzeit in der Jungsteinzeit aussah, kann man heute im Ötzi-Dorf in Umhausen selbst erleben: Der archäologische Freilichtpark ist von Mai bis Ende Oktober geöffnet. Rekonstruktionen und Modelle lassen den vorgeschichtlichen Alltag lebendig werden, Mitarbeiter demonstrieren mehrmals wöchentlich Fertigkeiten wie Brotbacken, Feuermachen oder Bogenschießen. Ergänzt werden diese Vorführungen durch verschiedene mehrtägige Kurse, in denen die Teilnehmer etwa ihren eigenen Korb oder ihr eigenes Feuersteinmesser herstellen.

AREA 47 (ca. 38 km)

Die AREA 47 an der Mündung der Ötztaler Ache in den Inn ist der größte Outdoor-Freizeitpark in Österreich und etwas für Adrenalinfreunde. Fünf Bereiche – Outdoor, Climbing, Freeride, Water Area und Wake Area – umfasst die AREA 47. So kann man etwa bei Outdoor mit dem Schlauchboot durch die Ötztaler Ache raften. Bei Climbing gilt es, den mit 27 m höchsten Hochseilklettergarten des Landes oder den ebenso hohen Kletterturm zu bezwingen. Freeride heißt, mit dem Mountainbike oder dem E-MTB über verschiedene Singletrails im Ötztal zu fahren, während die Water Area vergleichsweise „zivile" Attraktionen wie eine 17 m hohe Wasserrampe oder Wasserrutschen umfasst. In der Wake Area schließlich dreht sich auf dem über 400 m langen Rundkurs alles um Wakeboarding, eine Mischung aus Wasserski und Surfen. Passend zum Outdoor-Gedanken sorgt ein BBQ-Restaurant für die kulinarischen Bedürfnisse der Abenteurer.

Naturpark Ötztal (ca. 15 km)

Der Naturpark Ötztal umfasst alle Schutzgebiete des von Nord nach Süd ansteigenden Tals und erstreckt sich bis hinauf zur 3774 m hohen Ötztaler Wildspitze. Ein guter Ausgangspunkt für leichtere und anspruchsvollere Wanderungen durch diesen Teil der Tiroler Berge sind die Dörfer Vent oder Obergurgl, das auch das höchste Kirchdorf Österreichs ist. Ideal zur Information vor oder nach einer Tour ist die moderne naturkundliche Dauerausstellung im neu eröffneten Naturpark-Haus in Längenfeld: Sie widmet sich auf etwa 300 m² der Flora und Fauna sowie der Geologie des Ötztals.

REISEN IM ELEKTROAUTO

Eine Orientierungshilfe für Neueinsteiger, Umsteiger und auch solche, die bereits E-rfahrung haben

Die Welt einerseits emissionslos und gleichzeitig bewusster zu erfahren ist im Zeitalter des globalen Klimawandels eine hervorragende Möglichkeit, um im doppelten Sinne nachhaltiger zu reisen. Europa war hierfür ein perfekter Ausgangspunkt, denn wo sonst findet man so viele unterschiedliche Kulturen und eine so große Vielfalt an touristischen Highlights?

Daher lautet unser erster Tipp: Warten Sie nicht – steigen Sie ein und fahren Sie los!

Auf unserer eigenen Reise haben wir viele unterschiedliche Erkenntnisse zum Thema gesammelt, die insbesondere für Einsteiger von Interesse sein dürften – damit Sie nachhaltig und immer voller Energie unterwegs sind und jederzeit entspannt am Ziel ankommen.

Elektroautos – was man grundsätzlich wissen sollte

Das Thema Elektromobilität wird in allen Ländern, die wir besucht haben, noch immer sehr kontrovers diskutiert. Auch in der Presse und von vielen vermeintlichen Experten liest man leider immer wieder Argumente, die gegen elektrische Autos und deren Zukunft sprechen. Dass viele Menschen dadurch verunsichert sind, ist klar, und so wollen wir zunächst einige generelle Fragen klären.

Was ist das eigentlich, ein „EV"?

„EV" ist die Kurzform des englischen Begriffes „**E**lectric **V**ehicle" und bezeichnet damit zunächst einmal alle Arten von Fahrzeugen, die über einen oder mehrere elektrische Motoren angetrieben werden. Ein Hybridfahrzeug zählt nicht zur Familie der reinen Elektrofahrzeuge, da hier ein zweiter, nicht elektrischer Motor mit dem Elektroantrieb kombiniert wird. Im täglichen Sprachgebrauch wird „EV" häufig synonym für Elektroauto verwendet.

Interessanterweise gibt es rein elektrisch angetriebene Fahrzeuge nicht erst, seitdem Tesla begonnen hat, den Automobilmarkt zu revolutionieren. Nach der Dampfmaschine wurde der Elektromotor bereits im ersten Drittel des 19. Jahrhunderts zum Antrieb von Fahrzeugen eingesetzt und damit sogar schon lange vor dem Verbrennungsmotor. Dass sich elektrische Autos aber trotz ihrer diversen Vorteile nicht schon damals durchgesetzt hatten, lag vor allem an der zu jener Zeit noch unzulänglichen Batterietechnologie.

Welche Vorteile bieten Elektroautos für mich als Nutzer?

Unabhängig von anderen positiven Eigenschaften bieten E-Autos ihren Nutzern diverse Vorteile im täglichen Gebrauch. Zunächst einmal ist der Betrieb eines Elektroautos kostengünstiger als bei einem vergleichbaren Fahrzeug mit Verbrennungsmotor. Die Strompreise in ganz Europa liegen heute schon deutlich unter denjenigen für Benzin oder Diesel. Auch bei Versicherungsprämien und durch Steuervergünstigungen kann man derzeit je nach Land nochmals deutlich Kosten sparen.

Einen komplizierten Verbrennungsmotor, Auspuffanlage, Anlasser, Zündkerzen, Kupplung und Getriebe etc. gibt es nicht, und somit sinkt die Reparaturanfälligkeit enorm. Die Bremsen werden durch die Bremswirkung der Rekuperation kaum belastet, und ein Ölwechsel entfällt komplett. In der Folge fallen die gesamten Wartungskosten geringer aus, und Werkstattaufenthalte reduzieren sich auf ein Minimum. Wer wie Tesla eine Ferndiagnose am Fahrzeug vornehmen kann und zusätzlich einen mobilen Service anbietet, erspart seinen Kunden außerdem den lästigen Weg zur Werkstatt.

Während der Fahrt lässt sich der Unterschied dann sogar mit den eigenen Sinnen wahrnehmen. Der Geräuschpegel ist wesentlich geringer, und man spürt weniger Vibrationen als bei einem Auto mit Verbrennungsmotor. Auch in der Nase sind E-Autos deutlich weniger wahrzunehmen, denn Abgase werden bei der Fahrt nicht erzeugt und über den Geruch von Öl, Benzin oder Diesel muss man sich keine Gedanken machen. Und wenn Sie mal richtig „aufs Gas" bzw. auf den Strom treten, dann wird Ihnen Ihr Lächeln im Gesicht verraten, dass es auch in puncto Fahrdynamik viel mehr Spaß macht, elektrisch unterwegs zu sein. Ein weiteres wichtiges Kriterium ist die Sicherheit: Die Autos von Tesla zählen zu den sichersten der Welt.

Sind Elektroautos wirklich umweltfreundlicher als Benzin- und Dieselfahrzeuge?

Aus unserer Sicht fällt die Antwort auf diese viel diskutierte Frage ebenfalls positiv aus und lautet ganz klar: JA!

Es ist uns allerdings ein wichtiges Anliegen, unsere persönliche Meinung mithilfe von Aussagen einer anerkannten Institution zu stützen. Blicken wir hierzu nach Deutschland – in das europäische Automobilland schlechthin. Die Autoindustrie in Deutschland ist heute gemessen am Umsatz der mit Abstand bedeutendste Industriezweig, und obgleich sie den Einstieg in die elektrische Zukunft etwas verschlafen hat, spielt das Elektroauto hierzulande zukünftig eine entscheidende Rolle.

Die Grundsatzfrage nach der Umweltfreundlichkeit von Elektroautos wird natürlich auch in Deutschland gestellt, und das Bundesministerium für Umwelt, Natur-

Mr & Mrs T: „Unsere Mission ist es, die Welt im Tesla zu erfahren, andere zu inspirieren und einen nachhaltigeren Lebensstil zu fördern."

schutz und nukleare Sicherheit (BMU) hat bereits eine gute Antwort darauf gegeben. Das BMU hat kürzlich auf seiner Webseite einige Informationsvideos veröffentlicht (siehe Link-Sammlung auf unserer Webseite), die eine einfache und deutliche Sprache sprechen. Die vom BMU getroffenen Aussagen decken sich mit unserem persönlichen Verständnis der aktuellen Situation.

↑ Mr & Mrs T rein elektrisch unterwegs im Tesla Model S.

E-Mobilität ist zur Erreichung der Klimaschutzziele unumgänglich. Elektroautos verbrauchen viel weniger Energie als andere Lösungen und stellen somit eine intelligente Alternative dar. Insgesamt ist das nicht nur wesentlich klimafreundlicher, sondern spart auch noch Kosten. Diese Aussagen gelten bereits heute und werden umso gewichtiger, wenn zukünftig noch mehr nachhaltige Energie zum Einsatz kommt.

Auch wenn festzustellen ist, dass es im Hinblick auf die erzeugten Luftschadstoffe bei der Herstellung noch deutliches Verbesserungspotenzial gibt, so gilt bereits jetzt: „Ein heutiges E-Auto verursacht über seinen gesamten Lebensweg von der Herstellung bis zur Entsorgung etwa ein Viertel weniger Emissionen als ein Benziner." Und „2025 wird ein neues E-Fahrzeug voraussichtlich 40 % weniger

CO_2-Emissionen als der Benziner und ein Drittel weniger als ein Diesel-PKW haben." Der Vorsprung wird also sogar noch ausgebaut, denn je sauberer der Strom, desto sauberer auch das Elektroauto.

Der Strom muss natürlich auch im Auto selbst gespeichert werden können, was uns zum Thema der hierfür verwendeten Batterien und den dafür notwendigen Rohstoffen führt. Häufig wird davon gesprochen, es gäbe nicht genügend Rohstoffe, insbesondere Lithium und Kobalt seien zu selten, um eine ausreichende Anzahl an Batterien herstellen zu können. Dazu sagt das BMU: „Davon gibt es genug, auch wenn der Bedarf steigt." Entscheidend ist jedoch, wie wir grundsätzlich Rohstoffe fördern. „Manchmal wird vergessen, dass die Basis unserer derzeitigen Mobilität ökologisch und sozial oftmals

↑ Tesla Supercharger: Sie sorgen für schnelle Energie unterwegs.

nicht besonders gut aussieht." Das ist ein grundsätzliches Problem, das auch für die Erdölförderung gilt. Das Elektroauto hat jedoch einen entscheidenden Vorteil: Bei der Entwicklung und Herstellung von geeigneten Energiespeichern stehen wir erst am Anfang, wohingegen Verbrennungsmotoren nur noch geringfügig effizienter werden können. „Manchmal kann man kritische Rohstoffe auch vollständig durch andere Materialien ersetzen. Und außerdem werden wir mit dem Umstieg auf Elektroautos deutlich weniger fossile Brennstoffe wie Erdöl verbrauchen." Am Ende eines Elektroauto-Lebens können zudem viele der eingesetzten Rohstoffe, insbesondere aus den genutzten Batterien, recycled und dem Kreislauf neu zugeführt werden. „Außerdem muss man fair vergleichen! Statt Erdöl Strom – das ist schon für sich meist ein großer Gewinn!"

Ein Überblick zum Thema Laden in Europa

Im Zusammenhang mit dem Thema Laden haben wir unterwegs die meisten Fragen gestellt bekommen. Die vier häufigsten möchten wir auch hier beantworten, und zwar im Hinblick auf das Thema Reisen.

Wo kann ich mein Auto aufladen?

Grundsätzlich lässt sich ein Elektroauto überall dort aufladen, wo man eine passende Steckdose vorfindet. Da sogar eine ganz gewöhnliche Haushaltsteckdose ausreichend ist, kann man seinen Wagen theoretisch so gut wie überall laden.

Auf einer Reise, und um dieses Thema geht es ja hier, wird man sich aber meist auf den Weg und das eigentliche Ziel fokussieren. Bei einer längeren Fahrt lädt man daher vor allem an Schnellladestationen und, sofern die

Exkurs: das Tesla Ladenetzwerk

Tesla bietet weltweit eines der schnellsten und größten Ladenetzwerke, das aus sogenannten Superchargern und Destination Chargern besteht. Supercharger sind Tesla Schnellladestationen, die meist entlang wichtiger Reiserouten platziert sind und so unterwegs für ein schnelles Zwischenladen zur Verfügung stehen. Am Zielort sorgen Destination Charger für Energie. Diese befinden sich typischerweise an Orten, an denen man sich etwas länger aufhält, also bei Hotels, Restaurants oder Einkaufszentren.

Während die Supercharger derzeit ausschließlich von Tesla Fahrzeugen genutzt werden können, haben in Europa viele Destination-Charging-Partner Wallboxen installiert, an denen auch andere Elektroautos geladen werden können.

Praktisch ist zudem, dass sämtliche Tesla-Ladestationen sowohl auf der Navigationskarte im Auto (inklusive Realtime-Belegung der Supercharger), als auch auf der Karte der Tesla-Webseite angezeigt werden. Hat man sein Auto zum Laden angeschlossen, kann mit der Tesla-App der Ladeprozess von überall aus überwacht und gesteuert werden. Ist der Ladevorgang abgeschlossen, wird man automatisch informiert.

Dank der extrem gut ausgebauten Tesla-Ladeinfrastruktur konnten wir unsere ganze Europareise komplett ohne andere Anbieter abwickeln. Wer die Nutzung der Supercharger nicht wie wir bereits beim Kauf seines Teslas inkludiert hat, der fährt trotzdem wesentlich günstiger und muss auch keinen mühsamen Bezahlprozess fürchten. Das Auto wird beim Laden am Supercharger erkannt, und die Abrechnung erfolgt einfach über das Tesla-Kundenkonto.

von Ihnen gewählten Hotels bereits auf Kunden mit Elektroauto vorbereitet sind, sozusagen im Schlaf.

Existiert ein ausreichend großes Ladenetzwerk?

Aktuell kommt es noch etwas darauf an, mit welchem E-Auto man unterwegs ist, aber schon bald wird auch das keinen großen Unterschied mehr machen. Insbesondere in den touristisch gut erschlossenen Gegenden stellen auch weite Distanzen längst kein Problem mehr dar.

↑ Tesla Destination Charger: Damit laden Sie die Batterien bequem am Zielort.

Neben Tesla haben inzwischen auch andere Automobilhersteller und Energiekonzerne erkannt, wie wichtig es ist, eine zuverlässige und gut ausgebaute Ladeinfrastruktur zur Verfügung zu stellen. Zusätzlich zu einem großflächigen Ausbau von Schnellladestationen setzt man in Kombination auch auf die vereinfachte Abrechnung bei der Nutzung von bestehenden Ladepunkten. Einige Hersteller ermöglichen es etwa über nur eine Ladekarte, an vielen verschiedenen Ladepunkten in ganz Europa laden und auch bezahlen zu können. Die Notwendigkeit, sich bei unterschiedlichen Anbietern zu registrieren, entfällt dadurch, und man erhält zudem nur eine zentrale Abrechnung.

Auf unserer eigenen Reise durch Europa konnten wir beobachten, dass die Ladeinfra-struktur in den Ländern, die wir besucht haben, aktuell überall erweitert wird. Tagtäglich kommen neue und schnellere Ladestationen dazu, und so ist es nur noch eine Frage der Zeit, bis eine einfach zugängliche Ladestation an jeder Ecke genauso normal ist wie heute noch die vielen Tankstellen.

Für alle, die dennoch an der Zukunft des Elektroautos in Abhängigkeit der Ladeinfrastruktur zweifeln, hilft zur sachgemäßen Beurteilung ein kurzer Blick in die automobile Vergangenheit.

Begeben wir uns hierfür zurück ins Jahr 1886. Es ist das Jahr, in dem der erste „Wagen ohne Pferde" von Carl Benz patentiert wurde. Wer hätte damals für möglich gehalten, was sich heute auf unseren Straßen abspielt? Als Bertha Benz nur zwei Jahre nach der Patentierung die erste längere Tour mit dem Automobil ihres Mannes unternahm, gab es noch keine einzige Tankstelle.

Mit anderen Worten – auch der Erfolg des Elektroautos wird nicht an der Ladeinfrastruktur scheitern, denn diese wird ja bereits überall großflächig aufgebaut bzw. erweitert. So falsch es also im Jahr 1886 war zu glauben, das Automobil als solches setze sich niemals durch, so sehr würde man auch heute auf das falsche Pferd setzen, wenn man annähme, Elektroautos seien nicht die Zukunft. Man würde damit genauso falsch liegen wie einst der letzte deutsche Kaiser Wilhelm II., der meinte: „Ich glaube an das Pferd. Das Automobil ist eine vorübergehende Erscheinung."

Wie lange dauert es, ein Elektroauto aufzuladen?

Die Frage, wie lange es dauert, ein E-Auto aufzuladen, wird meist im Hinblick auf einen vollständigen Ladevorgang gestellt, also wenn die Batterie komplett von 0 % auf 100 % aufgeladen werden muss. Ein direkter Vergleich zum Zeitbedarf beim Betanken eines Autos mit Verbrennungsmotor ist damit aber eigentlich gar nicht möglich, denn das Laden eines Elektroautos geschieht häufig eher nebenbei, also wenn die Zeit ohnehin keine Rolle spielt.

Ein Freund von uns hat es einmal so beschrieben: „Das Aufladen eines Elektroautos dauert ca. 10 Sekunden: 5 Sekunden, um das Auto an die Ladestation anzuschließen, und nochmals 5 Sekunden, um es nach dem Ladevorgang wieder auszustecken!" Die Zeit dazwischen kann effektiv genutzt werden. Anders als an einer Tankstelle müssen Sie während des Ladevorgangs nämlich nicht an der Zapfsäule warten, sondern können sich um Wichtigeres kümmern.

Exkurs: Wie lade ich richtig?

- **Laden Sie rechtzeitig:** Warten Sie nicht, bis der Akku komplett leer ist oder Sie ihn zu 100 % aufladen müssen, um Ihr Ziel zu erreichen. Zwischenladen spart Zeit und schont zugleich die Batterien.
- **Laden Sie opportunistisch:** Laden Sie nach Möglichkeit immer dann, wenn Sie ohnehin gerade eine Pause einlegen oder etwas zu erledigen haben. So wird der Ladevorgang zur Nebensache.
- **Laden Sie nur so viel wie nötig:** Es reicht aus, wenn Sie am Schnelllader nur so viel nachladen, wie Sie benötigen, um den nächsten Ladepunkt mit Reserve zu erreichen. Es sei denn, Sie benötigen selbst mehr Zeit vor Ort.
- **Laden Sie immer mit etwas Reserve:** Auch wenn das Auto Ihnen sagt, dass der Ladezustand zur Erreichung der nächsten Destination ausreichend ist – laden Sie besser ein paar Kilometer mehr. Unterwegs kann es immer zu Stau, Umleitungen oder einem höheren Verbrauch als gedacht kommen. Es fährt sich einfach entspannter, wenn man weiß, dass noch genügend Restenergie in der Batterie ist.
- **Laden Sie wenig und schnell unterwegs, dafür häufig und langsam über Nacht:** Schnelllader sind vor allem dann praktisch, wenn Sie mit einer einzigen Akku-Ladung nicht ans Ziel kommen. Ansonsten empfehlen wir, das Auto über Nacht zu Hause oder auf Reisen im Hotel zu laden. Das spart nicht nur Zeit, denn Sie laden ja sozusagen im Schlaf, sondern auch Kosten (viele Hotels verrechnen keine Gebühr für den Ladevorgang). Zudem schont es auch die Batterie Ihres Autos, wenn Sie langsamer aufladen.

Auf unserer Reise haben wir im Schnitt nach etwa 2 bis 3 Stunden Fahrt für ca. 10 bis 20 Minuten am Tesla Supercharger nachgeladen. Meistens sogar opportunistisch, also wenn uns selbst ohnehin nach einer Pause war.

Grundsätzlich hängt die Ladedauer vor allem von vier Faktoren ab:
- der Kapazität der in Ihrem Fahrzeug verbauten Batterie,
- der im Auto verbauten Ladetechnik,
- der maximalen Leistung der Ladestation, an der Sie aufladen, sowie
- der Ladephase, in der sich Ihr Auto gerade befindet.

Eine größere Batterie benötigt bei sonst gleichen Bedingungen länger, um vollständig geladen zu werden, als eine kleinere. Natürlich steht mit einer großen Batterie aber auch eine größere Reichweite zur Verfügung, und es muss somit weniger oft nachgeladen werden.

Die im Auto verbaute Ladetechnik entscheidet darüber, mit welcher Geschwindigkeit das Auto bzw. die Batterie Energie aufnehmen kann, wohingegen die Leistung der jeweils genutzten Ladestation den maximal möglichen Energiezufluss definiert. Das jeweils „schwächere Glied" bestimmt dabei die maximale Ladegeschwindigkeit unter sonst gleichen Bedingungen.

Als vierte Komponente ist zu beachten, dass die Ladegeschwindigkeit ab einem Ladezustand von 80 % deutlich verlangsamt wird. Allerdings sollte man nicht vergessen, dass der Akku in den seltensten Fällen zu 100 % aufgeladen werden muss. In der Praxis macht man das eigentlich nur, wenn es unbedingt notwendig ist, um sein Ziel zu erreichen.

Was benötige ich, um laden zu können?

Zusammen mit Ihrem Elektroauto erhalten Sie von jedem Hersteller auch die passende Grundausstattung, was Ladekabel und Adapter betrifft. Welche Ladekabel und/oder Adapter Sie darüber hinaus zusätzlich noch benötigen, hängt davon ab, um welches Fahrzeug es sich handelt und welche Ladestationen Sie regelmäßig nutzen wollen. Auch Fahrer anderer Marken als Tesla haben uns bestätigt, dass man schnell herausfindet, was für die eigenen Bedürfnisse am besten passt. Insofern kann es vor einer Anschaffung nicht schaden, sich das vermeintlich benötigte Zubehör erst einmal bei Freunden auszuleihen.

Für die Reise innerhalb Europas können Sie aber davon ausgehen, dass ein Typ-2- und/oder „Combined Charging System"-(CCS)-Anschluss an den meisten Schnellladestationen inzwischen den Standard definiert. Da bei Schnellladestationen

Mr & Mrs T: „Sich nachhaltiger zu verhalten sollte nicht damit aufhören, ein elektrisches Auto zu fahren, aber es ist ein guter Anfang!"

normalerweise auch gleich die entsprechenden Kabel und Stecker integriert sind, müssen Sie hier kein eigenes Kabel dabei haben, um laden zu können. Allerdings kann es sein, dass für Ihr Fahrzeug ein Adapter notwendig ist. Die meisten Neufahrzeuge in Europa werden inzwischen ebenfalls mit Typ-2- oder CCS-Anschluss ausgeliefert.

Unser Tipp: Kaufen Sie Ladezubehör erst dann, wenn Sie wirklich wissen, was Sie persönlich tatsächlich brauchen.

Die Reise im Elektroauto richtig planen

Aufgrund unserer eigenen Erfahrungen können wir guten Gewissens behaupten, dass eine Reise im Elektroauto viel mehr Spaß macht und gleichzeitig „entschleunigt"! Der Urlaub beginnt also nicht erst, wenn Sie gehetzt in Ihrem Feriendomizil ankommen, sondern bereits in dem Moment, in dem Sie zu Hause ins Auto steigen und losfahren. Es muss nicht gleich der zweiwöchige E-Roadtrip sein – schon ein Weekend-Getaway wird Sie nachhaltig überzeugen.

An was sollten Sie vor einer längeren Reise im Elektroauto denken?

Neben all den Dingen, die man ohnehin grundsätzlich vor einer Urlaubsreise mit dem Auto bedenken sollte, gilt hier insbesondere: Je besser Sie Ihre Fahrt geplant haben, desto entspannter werden Sie und Ihre Mitreisenden am Ziel ankommen.

Wählen Sie deshalb bereits vor Reiseantritt die für Sie optimale Strecke aus. Kalkulieren Sie Pausen mit ein und vergessen Sie auch nicht, mögliche Zwischenziele zu berücksichtigen, denn ein Abstecher zu einem touristischen Highlight auf Ihrer Route lohnt sich oft und bildet zudem einen der wesentlichen Vorteile, wenn man zu Land und individuell unterwegs ist.

Haben Sie diese Faktoren einmal definiert, können Sie diese mit den Rahmenbedingungen Ihres Fahrzeugs in Einklang bringen und entscheiden, wo Sie wie lange nachladen wollen (falls Sie überhaupt unterwegs nachladen müssen). Sie werden feststellen, dass Ihr eigener Bedarf nach einer Pause sogar oft höher ausfällt, als es der Energiebedarf Ihres Autos vorgeben würde. Das gilt erst recht, wenn Sie wie wir in einem Elektroauto mit großer Reichweite unterwegs sind.

↑ Das 3-Säulen-Modell der Nachhaltigkeit.

Welche Tools können bei der Routenplanung hilfreich sein?

Je nach Hersteller und Fahrzeugtyp kann die Routenplanung direkt im Auto erfolgen oder über die entsprechende App oder Webseite vorgenommen werden. Zudem stehen zahlreiche Lösungen externer Anbieter zur Verfügung, die eine Routenplanung teilweise sogar nach Fahrzeugmodell und Batterieleistung sowie unter Berücksichtigung persönlicher Vorlieben ermöglichen. Eine kleine Auswahl haben wir auf der Link-Liste unserer Webseite zusammengestellt.

Unser Tipp: Es empfiehlt sich auch diesbezüglich, schon bei der Anschaffung eines Elektroautos zu prüfen, ob die Lösung des Herstellers mit den eigenen Ansprüchen korrespondiert und wie gut sie auf das verfügbare Ladenetzwerk abgestimmt ist.

Nachhaltigkeit

Kaum ein anderer Begriff wird öfter und unterschiedlicher gebraucht – und teilweise missbraucht – als Nachhaltigkeit. Dabei ist ein nachhaltigeres Verhalten für unser aller Fortbestehen elementar und zugleich so viel mehr als der grüne Anstrich, den sich insbesondere viele Unternehmen gerne nach außen geben.

Was wir unterwegs über Nachhaltigkeit gelernt haben

Einer unserer Beweggründe, die Welt in einem Elektroauto zu bereisen, war es, insgesamt mehr über das Thema Nachhaltigkeit zu erfahren – im wahrsten Sinne des Wortes. Die Mission von Tesla, den weltweiten Übergang zu nachhaltiger Energie zu beschleunigen, hat dabei ebenfalls eine ganz entscheidende Rolle gespielt und uns von Beginn an zum Nachdenken angeregt.

Sich als Weltgesellschaft insgesamt nachhaltiger zu verhalten ist heute wichtiger denn je, denn sowohl ökologisch, ökonomisch als auch sozial betrachtet, leben wir aktuell in vielen Ländern weit über unsere Verhältnisse. Wollen wir langfristig fortbestehen und das System am Laufen halten, dann müssen alle drei Aspekte (siehe auch das 3-Säulen-Modell der Nachhaltigkeit) Berücksichtigung finden. Lassen wir hingegen eine oder mehrere davon unbeachtet, so gerät das ganze System aus dem Gleichgewicht.

Aber was bedeutet das „übersetzt" für jeden Einzelnen von uns? Mit dieser Frage im Kopf sind wir zu Beginn unserer Reise losgefahren und haben unterwegs versucht, Antworten zu finden.

Die wichtigste Erkenntnis war dabei so offensichtlich, dass wir alle sie leider häufig übersehen. Wir denken viel zu oft, dass wir selbst nur wenig verändern können, aber das ist falsch! Wir alle können die Welt jeden Tag verändern, und jeder noch so kleine Beitrag in unserem eigenen Einflussbereich ist besser, als nichts zu tun. Erwarten Sie dabei weder von sich selbst noch von anderen, immer 100 % perfekt handeln zu können oder gar zu müssen. Viele kleine Handlungen bewirken stets Größeres als eine große Handlung, die nie stattfindet. Also fangen wir am besten bei uns selbst an!

Sich nachhaltiger zu verhalten kann und sollte dabei aus unserer Sicht am besten ganz viel Spaß machen, denn dann verhält man sich gern und automatisch nachhaltiger. Auch wir hatten früher ein ganz anderes Bild im Kopf, denn oft war es der erhobene Zeigefinger, der uns ermahnte, anstatt die bessere Option, die es uns leichtgemacht hätte. Das wurde uns bereits bei der ersten Probefahrt in einem Tesla klar. Hier hatte ein Unternehmen ein Produkt auf den Markt gebracht, das nachhaltiger war als alle vergleichbaren

Optionen – und weil es zudem jede Menge Spaß macht, haben wir uns umgehend dafür entschieden.

In unserem Fall hat damit also die Anschaffung eines rein elektrischen Autos die Tür zu einem nachhaltigeren Lebensstil geöffnet. Denn seither sind wir anders unterwegs – auf der Straße und im ganzen Leben. Noch immer nicht perfekt, aber bewusster und auf jeden Fall nachhaltiger als zuvor.

Auch was die Hotels angeht, die wir während unserer Reise besucht haben, ist festzustellen, dass man sich vielerorts extrem bemüht, das Thema Nachhaltigkeit nicht nur in Bezug auf die Handtuchnutzung nach außen zu deklarieren, sondern auch im Hintergrund, wann immer möglich, selbst nachhaltiger zu handeln. Dennoch ist es der Gast selbst, der hier am meisten Einfluss ausüben kann! Unterschätzen Sie also nie Ihre eigenen Möglichkeiten.

Auch wenn wir die Thematik in diesem Rahmen nicht abschließend behandeln können – dafür bräuchte es wohl ein komplett eigenes Buch –, so war es uns dennoch wichtig, darauf einzugehen, denn auch auf einer Reise kann es ganz einfach sein, sich nachhaltiger zu verhalten, wenn man anfängt, nach besseren Optionen zu suchen und sich bewusst für selbige zu entscheiden.

Wie gestalte ich meine eigene Reise nachhaltiger?

Ein E-Auto zu nutzen ist für sich betrachtet bereits wesentlich umweltfreundlicher, womit der **ökologische** Aspekt einer Autoreise direkt positiv beeinflusst wird. Wer darüber hinaus aber noch mehr tun möchte, der kann seinen verbleibenden CO_2-Fußabdruck z. B. über unseren Partner myclimate kompensieren, dank dem auch unsere Reise komplett CO_2-neutral stattgefunden hat.

Sie unterstützen damit aktiv Beratungs-, Bildungs- und Klimaschutzprojekte auf der ganzen Welt.

Wirft man einen Blick auf die Fahrzeugkosten pro Kilometer, so haben Elektroautos auch hier häufig die Nase vorn, zumal der **ökonomische** Effekt noch sichtbarer wird, je mehr man rein elektrisch unterwegs ist. Das gesparte Geld kann dann anderweitig verwendet werden, anstatt wie beim Verbrenner sprichwörtlich in Rauch aufzugehen.

Doch was steht eigentlich beim dritten, dem **sozialen** Aspekt der Nachhaltigkeit im Mittelpunkt? Es geht hier vor allem um den Menschen, denn schließlich fahren Sie ja in die Ferien, um die eigenen Akkus wieder aufzuladen, und das beginnt im besten Fall bereits unterwegs – zumindest, wenn Sie unserer Philosophie folgen.

Unser Tipp: Machen Sie den Weg zum Ziel, indem Sie bewusster reisen anstatt nur möglichst schnell von A nach B zu kommen. Im Elektroauto zu fahren entspannt, und wir selbst sind nie zuvor so relaxed am Ziel angekommen. Sie cruisen geräuscharm, ohne Gangwechsel und dank nahtloser Beschleunigung reibungslos durch die schöne Landschaft. Der Fahrspaß ist groß, und die ein oder andere Pause schafft Raum, um unterwegs etwas Neues zu entdecken.

Wählen Sie eine attraktive Route, denn nicht die vermeintlich schnellste, sondern die schönste Straße zaubert Ihnen während der Fahrt ein Lächeln ins Gesicht. Entdecken Sie Sehenswürdigkeiten, die auf dem Weg liegen, und planen Sie in Etappen, die für Sie und Ihren Körper angenehm sind. Legen Sie regelmäßige Pausen ein und nutzen Sie die Zeit, um kurz nachzuladen – die Batterien Ihres Autos sowie die eigenen –, so kommen Sie ganz entspannt am Ziel an.

Der Begriff „Slow Travel" bedeutet für uns dabei, nicht langsam unterwegs zu sein,

↑ Unser Weg in eine nachhaltigere Zukunft.

sondern anders als im Alltag einmal die Hektik und den Stress hinter sich zu lassen. Sicher gibt es Menschen, die lieber 8 bis 12 Stunden mit wenigen Stopps über die Autobahn hetzen, doch obwohl auch das rein elektrisch kein Problem wäre, bliebe dabei alles andere wortwörtlich auf der Strecke.

Vergessen Sie daher eines nicht: Genießen Sie es, unterwegs zu sein!

Wir wünschen Ihnen gute Fahrt und viel Spaß!

DANKE UND AUSBLICK

Unser Auto war der Ausgangspunkt für unseren Weg in eine nachhaltigere Zukunft. Elon Musk, Franz von Holzhausen und die Mission von Tesla, den Übergang zu nachhaltiger Energie zu beschleunigen, haben uns inspiriert. Was mit dem Kauf unseres Tesla Model S begann, entwickelte sich zu einem neuen Lebensstil.

Unser Dank gilt daher allen Tesla-Mitarbeitern, -Enthusiasten und insbesondere den Tesla Owners Clubs aus aller Welt. Sie haben auf unserer langen Reise dafür gesorgt, dass wir nicht allein unterwegs waren, sondern in jedem Land eine Familie gefunden haben. Wir waren immer willkommen bei Tesla-Besitzern und bei Veranstaltungen der Clubs. Sehr viele Menschen haben uns Energie gegeben und Mut gemacht. Gleichzeitig haben wir auf unserem E-Roadtrip nicht nur viel über Elektromobilität, Nachhaltigkeit und Freiheit gelernt, sondern auch, was es bedeutet, jeden Tag 24 Stunden zu zweit unterwegs zu sein.

Ein großes Dankeschön geht auch an unseren Partner myclimate (www.myclimate.org), eine Non-Profit-Organisation aus der Schweiz. myclimate bietet Lösungen für einen effektiven Klimaschutz – lokal und global. Gemeinsam mit Partnern aus der Wirtschaft sowie Einzelpersonen wie uns will myclimate die Zukunft durch Beratungs-, Bildungs- und Klimaschutzprojekte gestalten. myclimate ermutigt durch interaktive und handlungsorientierte Bildungsprogramme jeden, etwas für die Zukunft zu erreichen. Dank der myclimate-Partnerschaft konnten wir den kompletten CO_2-Fußabdruck unserer Reise kompensieren.

Allein in Europa haben wir in 125 verschiedenen Hotels übernachtet und dabei die unterschiedlichsten Formen von Gastfreundschaft kennen und schätzen gelernt. Viele von ihnen wurden für uns zu einem echten Zuhause und sorgten dafür, dass wir unsere Akkus nachhaltig aufladen konnten. Eine Auswahl von 50 Hotels hat nun den Weg in dieses Buch gefunden. Weitere wunderbare Destinationen sind auf unserer Webseite www.MrandMrsTonTour.com zu finden. Werden Sie Teil unserer Mission! Denn auch Sie können Ihre nächste Reise ganz einfach nachhaltiger gestalten – dank Elektromobilität, Unternehmen wie myclimate und besonderen Destinationen, für die Nachhaltigkeit mehr bedeutet, als einen grünen Außenauftritt zu zelebrieren.

Ausblick

Die Entscheidung, unsere Wohnung, den Job und die eigene Komfortzone zu verlassen, ist uns nicht leicht gefallen. Nachdem uns unser Tesla Model S aber ohne Zwischenfall durch 14 Länder Europas und über viele fantastische Routen an wunderbare Orte gebracht hat, wollten wir weiter – einmal um die Welt. Dank diverser Tesla Owner, die uns ihr Auto vor Ort zur Verfügung stellen, erfahren wir weitere Destinationen rund um den Globus: Neuseeland, Australien, Kanada und die USA stehen auf dem Programm. Ende 2019 sind wir zurück in Europa, aber wer weiß, wohin uns die Reise noch führen wird – getreu dem Motto „the weekend getaway that never ends ..." Fortsetzung folgt!

↑ Die Reise von Mr & Mrs T on Tour geht weiter. Hier genießen wir den Sonnenuntergang in Australien. Mit einem Dreamcase an Bord wird aus dem Tesla Model S das wohl flexibelste „Hotel" auf der ganzen Reise. www.dreamcase.eu

ERKLÄRUNG, ABKÜRZUNGEN, QUELLEN

ERKLÄRUNG

Die Autoren sind weder von Tesla Inc. beauftragt oder angestellt, noch in irgendeiner Weise von Tesla gesponsert. Sämtliche Inhalte in diesem Buch spiegeln ihre persönliche Meinung wider und nicht die Meinung von Tesla oder einer Tesla Tochtergesellschaft etc.

ABKÜRZUNGEN BEI DEN ANGABEN ZUR LADEINFRASTRUKTUR

DeC = Destination Charger

SuC = Supercharger

Sofern nichts anderes erwähnt ist, handelt es sich bei allen Destination Chargern um Wallboxen mit Typ-2-Stecker.

alle EVs = alle entsprechend ausgerüsteten Elektrofahrzeuge.

QUELLENANGABE FÜR S. 212–213

Bundesministerium für Umwelt, Naturschutz und nukleare Sicherheit: Info-Videos auf der Homepage des Ministeriums, abrufbar am 14.11.2019 unter:

https://www.bmu.de/media/mobiler-wandel-warum-e-mobilitaet/

https://www.bmu.de/media/mobiler-wandel-erneuerbare-energien/

https://www.bmu.de/media/mobiler-wandel-lebensqualitaet/

https://www.bmu.de/media/mobiler-wandel-rohstoffe/

BILDNACHWEISE

Cover: Bild von David Mark auf Pixabay

ADLER Spa Resort THERMAE: S. 72 (salcher thaddaeus), 74 (NICOLA TANZELLA PHOTOGRAPHY), 75u; **Adobe Stock:** S. 23 (Simon Dannhauer), 47u (Iakov Filimonov), 56 (stevanzz), 83u (DavidArts), 87o (MILAN CHUDOBA), 113o (PCW), 131 (MICHAEL JAEGER), 137u (Oleksandr Prykhodko), 138 (Jan Christopher Becke), 149 (iralex), 167u (Pixelheld), 167o (orpheus26), 169 (Michael Erhardsson), 179u (pelillos), 203 (Wolf Wieland), 204 (Berty), 205 (Manuel Schönfeld), 208 (Christoph Stoeckl); **Barefoot Hotel:** S. 122 (Nikolaj Georgiew), 123 (Nikolaj Georgiew), 124 (Nikolaj Georgiew), 125 (beide, Nikolaj Georgiew); **Fattoria San Martino:** S. 81; **Domaine de la Tortinière:** S. 50; **Getty Images/iStockphoto:** S. 13 (Cezary Wojtkowski), 19o (TasfotoNL), 21 (Sergey_Peterman), 22 (ribeiroantonio), 31 (SeanPavone-Photo), 37o (XabiTovar), 47o (GeirSteneLarsen), 53o (KenWiedemann), 67 (Julia700702), 77o (mrohana), 83o (Ekaterina Loginova), 87u (robertonencini), 91 (dp3010), 105u (Hermsdorf), 105o (tanukiphoto), 109 (teptong), 117o (Bumblee_Dee), 130 (venemama), 151 (bukki88), 161 (tupungato), 191u (irisphoto2), 199o (undefined undefined), 199u (argalis); alle Landkarten: Belgien (rbiedermann), Dänemark (rbiedermann), Deutschland (rbiedermann), Frankreich (rbiedermann), Liechtenstein (Thitima Thongkham), Niederlande (rbiedermann), Norwegen (kosmozoo), Österreich (rbiedermann), Portugal (rbiedermann), Schweden (IIerlok_Xolms), Schweiz (rbiedermann), Spanien (egoworks); **Heurigenhof Bründlmayer:** S. 182, 183, 184 (beide); **Hotel Auersperg:** S. 186 (FOTO FLAUSEN – Andreas Brandl), 187 (FOTO FLAUSEN – Andreas Brandl), 188, 189u (FOTO FLAUSEN – Andreas Brandl), 189o; **Hotel Limmathof:** S. 110 (alle); **Hotel Maria Cristina:** S. 350; **Hotel Nivå 84:** S. 159; **Hotel Öschberghof:** S. 144, 145, 146, 147 (beide); **Hotel Schwarzer Adler Franz Keller:** S. 142u (Lucie Greiner); **Hotel sevenoaks:** S. 128 (Brigitte Wegner), 129 (Irene Wernsing); **Hotel Vienna House Andel's Berlin:** S. 132, 134 (Vienna House); **il Paluffo Tuscan Villa:** S. 85; **MOHR life resort:** S. 192, 194, 196 (Thorben Jureczko), 197u (Thorben Jureczko); **Mr & Mrs T on Tour:** S. 6 (beide), 7 (beide), 8, 10, 11, 12 (beide), 15, 16, 17u, 20, 24, 26, 27, 28, 29, 30, 32, 33, 34, 35u, 37u, 38, 40, 41, 42, 44, 45, 48, 51, 53u, 54, 55, 58, 59, 60, 62, 63, 64, 65, 66 (beide), 68, 70, 73, 75o, 77u, 78, 79, 80, 84, 88, 90, 92, 93, 94, 95, 96, 97, 98, 99, 101, 106, 108, 111, 118, 120, 121, 133, 135 (beide), 140, 141, 142o, 143, 150 (beide), 152, 154, 155, 156, 157, 158, 160, 168 (beide), 170, 171, 172, 174, 175, 176 (beide), 177, 179o, 180, 193, 195 (alle), 197o, 200, 201, 202 (beide), 206, 209, 211, 212, 214, 219, 221; **Naturhotel Rainer:** S. 100 (beide), 102, 103 (beide); **Park Hotel Sonnenhof:** S. 114 (beide), 115; **Pena Park Hotel:** S. 14, 17o; **shutterstock:** S. 19u, 39 (dmitro2009), 113u (Oscity), 117u (footageclips), 127o (Mapics), 127u (LaMiaFotografia), 137o (Diego Gorzalczany), 185 (Leonid Andronov), 191o (Boat Rungchamrussopa), 207 (yakub88); **VDD Valeriano Di Domenico:** S. 5; **Yasuragi:** S. 162, 163, 164 (beide), 165

IMPRESSUM

Mr & Mrs T on Tour
Ralf Schwesinger & Nicole Wanner
e-mail: hello@mrandmrstontour.com
Web: www.mrandmrstontour.com

Texte: Holger Hühn, Augsburg, Ralf Schwesinger, Baden (CH),
Nicole Wanner, Baden (CH)

Satz & Redaktion: bookwise GmbH, München
Design & Layout: Robin John Berwing, teNeues Media
Bildbearbeitung & Proofs: Lana Repro, Lana
Herstellung: Nele Jansen, teNeues Media
Redaktionelle Koordination: Inga Wortmann-Grützmacher,
teNeues Media

Deutsche Ausgabe: ISBN 978-3-96171-231-1
Printed in Slovakia

Published by teNeues Publishing Group

teNeues Media GmbH & Co. KG
Am Selder 37, 47906 Kempen, Germany
Phone: +49-(0)2152-916-0
Fax: +49-(0)2152-916-111
e-mail: books@teneues.com

Press department: Andrea Rehn
Phone: +49-(0)2152-916-202
e-mail: arehn@teneues.com

teNeues Media GmbH & Co. KG
Munich Office
Pilotystraße 4, 80538 Munich, Germany
Phone: +49-(0)89-9042-13-200
e-mail: bkellner@teneues.com

teNeues Media GmbH & Co. KG
Berlin Office
Mommsenstraße 43, 10629 Berlin, Germany
Phone: +49-(0)152-0851-1064
e-mail: ajasper@teneues.com

teNeues Publishing Company
350 7th Avenue, Suite 301, New York, NY 10001, USA
Phone: +1-212-627-9090
Fax: +1-212-627-9511

teNeues Publishing UK Ltd.
12 Ferndene Road, London SE24 0AQ, UK
Phone: +44-(0)20-3542-8997

teNeues France S.A.R.L.
39, rue des Billets, 18250 Henrichemont, France
Phone: +33-(0)2-4826-9348
Fax: +33-(0)1-7072-3482

www.teneues.com

teNeues Publishing Group
Kempen
Berlin
London
Munich
New York
Paris

teNeues